がんばらない
じみ弁当

ダンノマリコ

ダンノ式 じみ弁当 なら

それはシンプルだから。

3つの基本ルール

ルール 1
主菜（肉や魚のおかず）＋
副菜（野菜のおかず）1～2品＋
主食（ごはんなど）の計3～4品
⇒くわしくは4ページ

ルール 2
主菜の味つけは、
「しょうゆ味」「みそ味」「塩味」
の3つ
⇒くわしくは4ページ

ルール 3
副菜の味つけは、
「塩味」が基本
⇒くわしくは6ページ

高校生の息子のためにお弁当を作るうちに行き着いたのが、この"じみ"なお弁当です。作りおきが得意ではないので、基本的に毎朝、イチから作ります。主菜は肉か魚のどちらか1種、副菜は野菜を2～3種使うだけ。栄養バランスは1日のトータルで考えればよし！　栄養が足りない場合は、朝食や夕食で補います。

毎日続けられる!!

詰め方のルール ⇒84ページ

　主菜の味つけのベースは、しょうゆ、みそ、塩の3種類。副菜はほぼ塩をふるだけ。旬の野菜を使えば、四季で食材や味が変化するので飽きません。ほかにもポリ袋を使ったレシピや、時間がないときにうれしいごはんものやパン、めんなどのレシピも紹介します。
　お弁当作りのヒントにしていただけたら、うれしいです。

ダンノマリコ

ダンノ式 じみ弁当　3つの基本ルール

ルール1　主菜(肉や魚のおかず)＋副菜(野菜のおかず)1～2品 ＋主食(ごはんなど)の計3～4品

「主菜(肉や魚のおかず)」「副菜(野菜のおかず)1～2品」「主食(ごはんなど)」の3～4品をそろえると自然と栄養バランスがよくなります。
肉や魚が少なかったら卵を足したり、野菜は冷蔵庫にある時季のものを使ったり、ごはんには好みでのりや梅干しを足したりしても。

3～4品

ルール2　主菜の味つけは、「しょうゆ味」「みそ味」「塩味」の3つ

主菜の味つけはシンプルに
- しょうゆ味
- みそ味
- 塩味

の3つです。
どれも、「基本調味料だけでOK」「ごはんと相性がいい」「なじみがあって毎日食べても飽きない」ので、続けられます。
飽きがこない、とはいえ毎日続く弁当。作る側も食べる人もマンネリになってしまうことも。そんなときは、**基本のたれをベースにおろししょうがやカレー粉、ケチャップなどを加えて変化をつけましょう。**
基本のたれの配合(5ページ)を覚えておくと、肉にも魚にも使えて便利です。多めに作って常備しておけば、毎朝計量して合わせる手間を省けるので、時短に！

しょうゆ味ベース

しょうゆをベースにした味つけ。肉にも魚にもよく合い、ごはんも進みます。

基本のしょうゆだれ
1人分

しょうゆ
小さじ1

＋

みりん
小さじ2

＋

酒
小さじ2

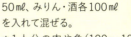

＼多めに作っておくと／
ラクチン

● **材料と作り方（10回分）**
清潔な保存容器にしょうゆ50㎖、みりん・酒各100㎖を入れて混ぜる。
＊1人分の肉や魚（100〜120g）に対して、小さじ5を使用。

● **保存方法と期間**
冷蔵室で1か月

しょうゆ、みりん、酒を混ぜ、火が通った肉や魚に回しかけて煮からめるだけ。目を離していたり、火を入れすぎたりしても焦げつきづらく、照りが出やすい配合。

みそ味ベース

みそは食材によくからむうえ、食材が冷めてもかたくなりにくくなるので、弁当に向いています。

基本のみそだれ
1人分

みそ
小さじ3

＋

砂糖
小さじ2

＋

酒
小さじ1

＼多めに作っておくと／
ラクチン

● **材料と作り方（6回分）**
清潔な保存容器にみそ大さじ6、砂糖大さじ4、酒大さじ2を入れて混ぜる。
※みその甘さにより砂糖の量は加減する。
＊1人分の肉や魚（100〜120g）に対して、大さじ2を使用。

● **保存方法と期間**
冷蔵室で3か月

3：2：1の配合を覚えておけば、味つけ、みそづけのどちらにも使えて便利。混ぜ合わせて多めに作って保存しておくと、よくなじんでよりおいしくなる。

塩味ベース

食材の味がダイレクトにわかる塩味。塩味で食べるときのポイントを紹介します。

- **塩は均一にふること**。あら塩の顆粒タイプを使うと、食材に均一にふることができておいしく仕上がる。
- 青じそや梅干しなどで**香りや風味を加えて味の変化をつける**。
- 主菜を塩味にするときは、ごはんに味を足したり、副菜にベーコンなど**味がしっかりしているものを合わせて**、満足感を出す。

5

ルール3 副菜の味つけは、「塩味」が基本

忙しい朝に、弁当のために主菜1品、副菜2品を作るのは手間です。そこで、**副菜の野菜は焼くだけ&塩味を基本**とします。朝は"副菜を考える"のではなく"旬の野菜を2～3種類選ぶ"だけ。旬の野菜を使うと安価なうえ、同じ味つけ(塩味)でも季節ごとに違う味が楽しめます。

副菜1　副菜2

弁当に向く野菜

調理後に水分が出ないよう、トマト、レタスなど水分の多いものは避けます。

おすすめはコレ！

- にんじん　・さやいんげん　・ブロッコリー
- ピーマン　・グリーンアスパラガス　・れんこん
- かぼちゃ　・じゃがいも　・さつまいも
- ミニトマト（入れるときはヘタを除いて、切らずに丸ごと入れる）

野菜を弁当箱に詰めるときの工夫

野菜を弁当に入れるときにいくつか知っておくとよいことがあります。野菜別に紹介します。

きゅうりやキャベツ など

水分が多いものには、ひと工夫を。
- しょうゆや塩に漬けて水分を抜く。
- ゆでて余分な水分を抜く。
- 油でコーティングしてから塩をふる。

かぼちゃ、れんこん、いも類 など

火が通りやすいように1cm以上の厚みにしない。

パプリカ、エリンギ など

長めに焼くことで、水分をとばしうまみを凝縮させる。

小松菜、チンゲンサイ など

火が通ったらすぐに取り出して、食感や色が悪くなるのを防ぐ。

弁当作りの基本 〜衛生面5つのポイント〜

弁当のいつもの料理と違うところは、持ち運んで食べるところ。
雑菌が繁殖しやすい環境におくことになるので、衛生面には特に注意が必要です。
次のことを守りましょう。

❶ 手指、調理器具や道具、弁当箱は清潔に

指に傷があるときは食品用の手袋をしましょう。肉、魚をさわったら、そのつど手を洗います。調理器具や道具、弁当箱は使う直前に食品用のアルコールをスプレーするとより安心です。

❷ おかずは完全に火を通して

肉や魚、卵は中までしっかり火を通します。特に注意したいのが卵料理。半熟は絶対に避け、卵が固まるまで加熱しましょう。

❸ ごはんもおかずも冷まして詰める

ごはんやおかずが温かいままふたをすると、雑菌が繁殖する原因になるので、特に梅雨時や夏場はごはんやおかずは扇風機を使うなどして、しっかり冷ましましょう。

❹ おかずの汁気はきって

おかずの汁気も傷む原因です。汁気がある主菜は冷ますときに、副菜にふれないようにバットを斜めにおいて、汁気をきりましょう。

❺ 詰めるときは清潔な箸を使う

詰めるときは必ず清潔な箸を使います。生の肉や魚をさわった箸で詰めるのは絶対にやめましょう。

弁当箱について

本書では容量が600ml程度のものを使用。扱いやすいのは、プラスチック製や金属製。曲げわっぱはごはんが蒸れにくく傷みにくいですが、手入れが必要です。

Contents

2	ダンノ式**じみ弁当**なら毎日続けられる!!
4	ダンノ式**じみ弁当** 3つの基本ルール
7	弁当作りの基本 〜衛生面5つのポイント〜
10	この本の使い方
56	**column** ダンノ式**じみ弁当**のあれこれ
84	ダンノ式**じみ弁当**の詰め方のルール
120	弁当のお役立ちレシピ（そぼろ、つくね、卵焼き、ゆで卵、味つき卵）
124	食材別インデックス（50音順）

1章

フライパン1つで作る弁当

12	主菜も副菜もフライパン1つで作る

しょうゆ味ベース

14	鶏もも肉の照り焼き弁当
24	牛しぐれ煮弁当
26	豚こま肉のケチャップしょうゆ焼き弁当
28	かじきのカレーじょうゆ焼き弁当
30	豚こま肉のしょうが焼き弁当
32	鶏つくねの油揚げはさみ焼き弁当
34	ビビンバ風そぼろ弁当

みそ味ベース

36	豚肉のみそ焼き弁当
38	豚肉のみそしょうが焼き弁当
40	にんじんつくね弁当
42	さわらのヤンニョム風弁当
44	鶏肉ときのこのみそあえ弁当

塩味ベース

46	鶏もも肉の塩焼き弁当
48	鮭弁
50	鶏むね肉のピカタ弁当
52	オクラの肉巻き弁当
54	豚こま肉の梅肉炒め弁当

2章

「主菜は前夜に ポリ袋でラクづけ」弁当

58　主菜はポリ袋でつけて
　　ラクチン＆おいしい

ポリ袋でゆでる

60　鶏ハム弁当
64　鶏もも肉のみそ風味蒸し弁当
66　鮭しっとりそぼろの4色弁当
68　鶏手羽元のしょうゆ煮弁当
70　豚もも肉の煮豚風弁当

フライパンで焼く

72　豚肉のみそ青椒肉絲風弁当
74　さばの竜田揚げ焼き弁当
76　豚ヒレの
　　しょうゆ麹づけ焼き弁当
78　鮭のしょうゆ麹づけ焼き弁当

グリルで焼く

80　ぶりの照り焼き弁当
82　鶏もも肉のみそづけ焼き弁当

3章

スグでき！ ごはん・パン・めんの1品弁当

90　ごはん・パン・めんの1品弁当は
　　ささっと作れる！

ごはん

92　炒飯弁当
94　炊き込みチキンライス弁当
96　チーズオムライス弁当
98　牛肉のキンパ弁当

パン

＊食パンのサンドイッチ

100　2種類のサンドイッチ
　　　（ハムとチーズ、きゅうり）
102　2種類のサンドイッチ（ツナ、卵）
104　塩鶏と卵、ポテトのサンドイッチ

＊イングリッシュマフィンのサンドイッチ

106　ささみといんげんの
　　　マフィンサンドイッチ
108　ツナマヨとアボカドの
　　　マフィンサンドイッチ
109　スパム＆エッグの
　　　マフィンサンドイッチ
110　にんじんオムレツの
　　　マフィンサンドイッチ
111　コロッケ風マフィンサンドイッチ

めん

112　オムナポリタン弁当
114　鶏肉の塩焼きそば弁当
116　みそそぼろの焼きうどん弁当
118　担々めん弁当

この本の使い方

> ダンノ式じみ弁当の考え方の基本は2〜6ページで、基本的な作り方は14〜21ページで解説しているので、よく読んでください。

材料
分量は、基本的に大人1人分です。レシピの分量が2人分の場合でもお弁当には、1人分のみ詰めましょう。

マーカー
5ページの基本のしょうゆだれ、基本のみそだれと同じ配合の場合はマーカーで印をつけています。材料の分量をはかって作るのはもちろん、保存しているたれの1回分を使用することもできます。

作り方
主菜、副菜、主食ごとに作るのではなく、弁当が完成するまでの作り方を実際の流れに沿って説明しています。

順番
野菜など切ったものからフライパンに入れて焼く場合のおすすめの順番です。

詰め方
詰める順番を解説しています。ごはんの上におかずがのるなど2段に詰めるときは、上の写真が1段目(弁当の下)、下の写真が2段目(弁当の上)です。

油
主菜と副菜といったように複数の料理で油を使う場合は、材料のいちばん下に記載しています。

この本のルール

- 材料の分量は1人分を基本としていますが、作りやすさを考え、2人分の場合があります。
- 料理写真は分量にかかわらず、1人分です。
- 食材の重量(g)は廃棄する部分(野菜の皮や種、魚の骨など)を除いた重量(正味量=実際に食べる量)です。
- 分量の1カップ=200ml、大さじ1=15ml、小さじ1=5mlです。小さじ1/6まで表示し、小さじ1/6未満の分量と、日分量で少量のものは「少々」と表記しています。「適量」は、好みに合わせて適した量を調節してください。
- 砂糖はきび糖、塩はあら塩(顆粒タイプ)、しょうゆは濃口しょうゆ、みそは淡色辛みそ、こしょうは粗挽き黒こしょう、油は特に記載がない場合はこめ油を使っています。
- 材料の下処理について、特に記載がない場合は、種を取る、ヘタを取る、皮をむく、鶏肉や豚肉の余分な脂身を取り除くなどを行ってから調理してください。
- 電子レンジの加熱時間は600Wの場合の目安です。500Wの場合は加熱時間を1.2倍にして調整してください。
- フライパンはコーティング加工を施しているものを使用しています。
- 「火加減」は、中火の場合は特に記載していません。

1章

フライパン1つで
作る弁当

主菜も副菜もフライパン1つで作れるお弁当を紹介します。朝起きたら、まず冷蔵庫を開け、肉か魚を1種、野菜を2〜3種類取り出します。フライパンを火にかけ、材料を切りながらフライパンに入れ、朝食の支度などをしながら時々様子を見て仕上げます。ごはんは炊飯器で炊いておきましょう。

主菜も副菜も
フライパン1つで作る

フライパン1つで作るのは楽。
でもそれ以上に、「焼く」という調理法が断然おいしいということがいちばんの理由。
焼いてうまみが凝縮することでシンプルな味つけでも、野菜のおいしさを生かせるのです。

step 1
野菜は切ったものから焼き始める

㊙テク「分け焼き」

直径24cm、深さ6cmのフライパン。

「野菜を切ったら入れる」をくり返す
まとめて切ってから焼くのよりも、焼く時間を短縮できるうえ、まな板の上が常にすっきり！

野菜は分けて焼く
複数の野菜は場所を分けて焼くと、味つけを変えられる。品数も増える！

野菜→肉や魚の順に切ると効率がいい
野菜→肉や魚の順に切るなら、まな板を洗わずに次の作業に進め、洗う手間が1回減らせる。

＊食材がくっつかないようにコーティング加工が施されているものを使用。

フライパン | 1章

> **野菜はゆでてもレンジ加熱でもOK！**
> 野菜はフライパンで焼かずにゆでることもできます。また、電子レンジを使う手もあります。ゆでるとき、電子レンジで加熱するときのポイントは22〜23ページで紹介しています。

step 2
肉・魚も野菜と一緒に焼く

㊙テク「分け焼き」

野菜と肉・魚も分けて焼く
野菜と肉・魚をくっつけずに焼くと、味落ちや傷みの防止に。しかも見た目もきれいに仕上がる。

炒めるのではなく、「焼く」
焼くのは、箸でいじったりせずに放っておいてOKだから、焼いている間に目の届く範囲でほかのことができる。

step 3
弁当箱に詰める

冷ましておいて詰める！
ごはんもおかずもバットに取り出して冷ましておくから、詰めたらすぐにふたができる。

⇒くわしくは14〜21ページ

| しょうゆ味ベース ❶

鶏もも肉の照り焼き弁当

鶏肉は切らずに焼くとぱさつかず、冷めてもおいしい！ ブロッコリーに
まぶしたすりごまが照り焼きのたれを吸い、水っぽくなるのを防ぎます。

フライパン〈しょうゆ味〉　1章

主菜	鶏もも肉の照り焼き
副菜1	ブロッコリーのすりごまあえ
副菜2	パプリカの塩焼き
主食	ごはん（のり弁）

材料

● **鶏もも肉の照り焼き**
　鶏もも肉…約1/2枚(120g)
　塩…少々
　A　みりん、酒…各小さじ2
　　　しょうゆ…小さじ1

● **ブロッコリーのすりごまあえ**
　ブロッコリー…大3房(30g)
　白すりごま…小さじ1
　塩…少々

● **パプリカの塩焼き**
　パプリカ(赤)…1/4個(40g)
　塩…少々

● **ごはん**（のり弁）
　温かいごはん…180g
　削り節…1袋(1.5g)
　しょうゆ…小さじ1
　焼きのり(全形)…2/3枚

＊油…小さじ1

準備

・ごはんを冷ます

ごはんはバットに広げ、冷ます。

Point
弁当箱に詰めてから冷ますより、この方が早い。

作り方

1 フライパンを温める

フライパンの半面ほどに油をひき、弱めの中火にかける。

> **Point**
> 鶏肉のように焼くと食材から脂が出る場合は、それを焼くところは油をひかなくてよい。野菜を焼くところには必ず油をひく。

> **Point**
> 野菜に火が通りづらいときは、油少々(分量外。または水小さじ1)を回しかけてひと混ぜして焼く。

2 切った野菜から焼く

ブロッコリーは食べやすく切り、**1**の油をひいたところで焼く。箸で動かさずに焼き、時々返す。

> **Point**
> 野菜などはまとめて切らずに、切ったものからそのつどフライパンに入れて焼いていく。

▼

パプリカは一口大の乱切りにし、同様にフライパンに入れて焼く(時々返す)。

> **Point**
> 野菜を焼く順番は、**かたいもの＝火が通りにくいものから**。野菜によって火の通る時間が異なるので、**場所を分けて焼く**のがおすすめ。

フライパン〈しょうゆ味〉 1章

3
鶏肉の下ごしらえ

鶏肉は身の厚い部分に包丁を入れて、火の通りをよくする。

▼

両面に塩をふる。

Point
野菜と肉がふれ合う状態で焼くと、肉にふった塩によって野菜の水分が出てしまって味が落ちたり、傷みやすくなったりする。**野菜、肉を場所を分けて焼く**ことでこれらが防げる。

4
鶏肉を焼く

鶏肉を皮目を下にして**2**のフライパンの油をひいていないところに入れる。

▼

野菜は様子を見て返す。

▼

鶏肉の皮がカリッと焼けてきたら返し、弱火で焼く。

5 野菜を取り出す

野菜は火が通ったものからごはんとは別のバットに取り出す。

▼

野菜はそれぞれに塩をふり、冷まします。

6 鶏肉に調味料をからめる

鶏肉に火が通ったら、フライパンの余分な油をキッチンペーパーでふき取る。

▼

Aを混ぜて加え、中火にする。

▼

Aを鶏肉に煮からめる。

> **Point**
> 照りが出るまで、しっかり煮からめて、調味料の水気をとばす。

フライパン〈しょうゆ味〉 1章

7
鶏肉を取り出す

鶏肉が焼けたら、バットに取り出す。

▼

冷ます。

8
鶏肉を切る

冷めたら、鶏肉を食べやすく切る。

> **Point**
> 鶏肉の調味料や肉汁が野菜に混ざらないように、**バットを傾けておく。**

▼

切った鶏肉をバットに戻す。

お弁当Q&A

Q 先に肉に火が通ったらどうするの？

A フライパンの火があたらない部分によけておく。

弁当箱への詰め方

9
ごはんを詰めて、のり弁にする

右1/3をあけて、ごはんの半量を詰める。削り節の半量をのせ、しょうゆ小さじ1/2を回しかける。

のりの半量をちぎりながらのせる。

Point
のりはそのままのせるよりも、ちぎることで食べやすくなる。

残りのごはんを詰める。

残りの削り節をのせ、しょうゆ小さじ1/2を回しかける。

残りののりをちぎりながらのせる。

Point
のりは縮むので、重なるようにのせる。ごはんが見えないくらいのせるとちょうどよい。

10
野菜を詰める

ブロッコリーにごまをまぶす。

▼

ブロッコリーを詰める。

Point
ごまをまぶして詰めると、混ぜなくてもあえ物になる。

▼

パプリカを詰める。

11
鶏肉を詰める

鶏肉を詰める(のり弁にのってOK)。

できあがり！

ごはんもおかずもバットに取り出して冷ましてあるから、詰めたらすぐにふたをしてOK！

Q 野菜を焼く時間がないときはどうする?

方法1 | ゆでる | 16ページでは切った野菜からフライパンで焼いていますが、**フライパンでゆでます。湯を捨て、肉や魚を焼けばOK。**

1 塩ゆでにする
直径24cmのフライパンに水500mlを入れ、塩小さじ2を加えて沸かす。

> ゆでた後に調味料を合わせる場合も、野菜に塩味がついていた方が味がなじみやすいので、**必ず塩ゆでにする。**

▼

2 切った野菜からゆでる
ブロッコリーは食べやすく切り、**1**に入れてゆでる。火が通ったら湯をきり、バットに取り出して冷ます。

> 野菜は切ったものからそのつどフライパンに入れてゆでていく。

3 次の野菜を入れてゆでる
パプリカは小さめの乱切りにし、同様にフライパンに入れてゆでる。

> 野菜をゆでる順番は、湯が汚れないもの=**色や香りが出ないものから。**

▼

4 野菜を取り出す
パプリカに火が通ったら湯をきり、バットに取り出して冷ます。

> 野菜は重ならないようにして、広げて冷ますと、色がきれいに仕上がる。

フライパン〈しょうゆ味〉 1章

A 野菜は焼くとうまみが凝縮されておいしいですが、朝は時間がないもの。そこで14ページの「鶏もも肉の照り焼き弁当」の野菜(ブロッコリー、パプリカ)を例にしてゆでる方法、電子レンジで加熱する方法を紹介します。

方法2　電子レンジ

焼く、ゆでるの場合と同様に切った野菜＊から、耐熱容器に入れていきます。入れる順番は気にしなくて大丈夫。
＊ブロッコリー：食べやすく切る、パプリカ：一口大の乱切り。

- 電子レンジを使うときは、必ず耐熱性の容器を使う。
- **水を加える**ことで、乾燥や焦げつきを防ぐことができるうえ、蒸し焼き状態になるので水分の少ない**野菜にも均一に熱が入る**。

1　野菜に水をかける
耐熱容器にブロッコリーとパプリカを入れて、水大さじ1を回しかける。

▼

加熱すると水蒸気が発生するので、ラップをふんわりとかけて、蒸気の通り道を作る。途中で熱が通った野菜があれば、それだけバットなどに取り出しておく。

2　ラップをかけて加熱する
ラップをふんわりとかけて電子レンジで1分加熱する。熱が通っていない場合は、さらに10秒ずつ加熱する。

3　ラップを外して冷ます
熱が通ったら、耐熱容器を電子レンジから取り出してラップを外し、塩少々をかけて冷ます。

ラップをかけたままにすると、熱がこもり、野菜の色が悪くなったり、水っぽくなってしまうので、**すぐに**ラップを外す。

| しょうゆ味ベース ❷ |

牛しぐれ煮弁当

肉にしっかり味をつけているので副菜はさっぱりと塩味で。
肉は焼いてから調味料を加えて煮ると、短時間で味がしっかりつきます。

主菜1 牛しぐれ煮　主菜2 ゆで卵
副菜2 焼きスナップえんどう　副菜1 焼きにんじん　主食 ごはん

フライパン〈しょうゆ味〉　1章

材料

● **牛しぐれ煮**
　牛切り落とし肉…80g
　しょうが(薄切り)…4〜5枚
　A ｜ みりん、酒…各小さじ2
　　　しょうゆ…小さじ1

● **ゆで卵**
　ゆで卵…1個
　黒いりごま、塩…各少々

● **焼きにんじん**
　にんじん…1/4本(30g)
　塩…少々

● **焼きスナップえんどう**
　スナップえんどう…3個(15g)
　塩…少々

● **ごはん**
　温かいごはん…180g

＊ごま油…小さじ1/2

準備

・ごはんはバットに広げ、冷ます。
・しょうがはせん切りにする。

作り方

1 フライパンの半面ほどにごま油をひき、弱めの中火にかける。野菜＊は切ったものからフライパンにそのつど入れ、場所を分けてそれぞれ焼く(時々返す)。
　＊にんじん：4cm長さのせん切り、スナップえんどう：筋を取る。

2 牛肉を広げながら**1**に入れ、両面を焼く。

3 野菜は火が通ったものからバットに取り出す。それぞれに塩をふって冷ます。

4 牛肉に火が通ったら、フライパンの余分な油をキッチンペーパーでふき取る。しょうがを加え、**A**を混ぜて加え、汁気をとばしながら牛肉に煮からめる。バットに取り出して冷ます。

5 弁当箱に❶〜❻の順に詰める。

❺ ゆで卵(殻をむいて半分に切る)
❷ 牛肉
❻ 黒ごま、塩
❶ ごはん(全面に詰める)
❹ スナップえんどう
❸ にんじん

※ゆで卵の作り方は123ページ参照。

| しょうゆ味ベース ❸ |

豚こま肉の
ケチャップしょうゆ焼き弁当

豚肉は基本のしょうゆだれ＋ケチャップにするから味が決まりやすい。
ケチャップライスは肉を焼いたときに出るうまみを生かしています。

主菜 豚こま肉のケチャップしょうゆ焼き

主食 ケチャップライス

副菜 いんげんとにんじんの塩炒め

フライパン〈しょうゆ味〉　1章

材料

- **豚こま肉の ケチャップしょうゆ焼き**
  豚こま切れ肉…120g
  玉ねぎ…1/4個(50g)
  塩、こしょう…各少々
  片栗粉…小さじ1
  A｜みりん、酒…各小さじ2
  　｜しょうゆ…小さじ1
  　｜トマトケチャップ
  　｜　…大さじ1

- **いんげんとにんじんの 塩炒め**
  さやいんげん…5本(30g)
  にんじん…1/4本(30g)
  塩…適量

- **ケチャップライス**
  温かいごはん…180g
  塩、こしょう…各少々

＊オリーブ油…小さじ1

作り方

1 フライパンの全面にオリーブ油をひき、弱めの中火にかける。野菜＊は切ったものからフライパンにそのつど入れ、場所を分けてそれぞれ焼く（時々返す）。

＊にんじん：1cm角×4cm長さの棒状、いんげん：4cm長さ、玉ねぎ：薄切り。

2 豚肉に塩、こしょうをふり、片栗粉をまぶす。5等分にしてそれぞれをまるく平たくまとめ、**1**に並べる。焼き目がついたら返して焼く。

3 にんじん、いんげんは火が通ったものからバットに取り出す。それぞれに塩少々をふり、冷ます。

4 豚肉に火が通ったら豚肉と玉ねぎは脇に寄せ、フライパンの余分な油をキッチンペーパーでふき取る。**A**を混ぜて加え、豚肉と玉ねぎにからめ、バットに取り出して冷ます。

5 **4**のフライパンにごはんを入れて炒め、塩、こしょうで味をととのえる。バットに取り出して広げ、冷ます。

6 弁当箱に❶〜❹の順に詰める。

❶ ケチャップライス
❷ にんじんといんげん（盛り合わせる）

❸ 玉ねぎ（ケチャップライスにのせる）
❹ 豚肉

| しょうゆ味ベース ❹ |

かじきの
カレーじょうゆ焼き弁当

魚に直接カレー粉をまぶすと香りが引き立ち、魚の生臭さが気になりません。
副菜はカレー味に負けないようベーコンを合わせています。

- **主食** ごはん
- **主菜** かじきのカレーじょうゆ焼き
- **副菜** パプリカとベーコンの塩炒め

フライパン〈しょうゆ味〉　1章

材料

- **かじきの カレーじょうゆ焼き**
  かじき…1切れ（100g）
  塩、こしょう…各少々
  カレー粉、小麦粉…各小さじ1
  A｜みりん、酒…各小さじ2
  　｜しょうゆ…小さじ1

- **パプリカとベーコンの 塩炒め**
  パプリカ（赤、黄）
  　…各1/4個（各40g）
  ベーコン…1枚（20g）
  塩…少々

- **ごはん**
  温かいごはん…180g

＊油…小さじ1

準備

・ごはんはバットに広げ、冷ます。

作り方

1 フライパンの全面に油をひき、弱めの中火にかける。切ったもの＊からフライパンにそのつど入れ、場所を分けてそれぞれ焼く（時々返す）。
＊ベーコン：1cm幅、パプリカ：一口大の乱切り。

2 かじきは4〜5等分のそぎ切りにして塩、こしょうをふる。カレー粉、小麦粉の順にまぶし、**1**に並べる。焼き目がついたら返して焼く。

3 パプリカに火が通ったら、ベーコンに焼き目がついたらバットに取り出す。パプリカに塩をふり、それぞれ冷ます。

4 かじきに火が通ったら端に寄せ、フライパンの余分な油をキッチンペーパーでふき取る。**A**を混ぜて加え、水気をとばしながら煮からめる。バットに取り出して冷ます。

5 弁当箱に❶〜❸の順に詰める。

❶ごはん　❷パプリカとベーコン（盛り合わせる）
❸かじき

| しょうゆ味ベース ❺ |

豚こま肉の
しょうが焼き弁当

しょうが焼きには生のキャベツを合わせるのが定番ですが、
生のキャベツはしょうが焼きがふれると水分が出てしまうので蒸し焼きに。

主菜　豚こま肉のしょうが焼き

主食　ごまごはん

副菜　キャベツとにんじんの蒸し焼き

フライパン〈しょうゆ味〉　1章

材料

● **豚こま肉のしょうが焼き**
豚こま切れ肉…100g
塩、こしょう…各少々
片栗粉…小さじ1
A｜みりん、酒…各小さじ2
　｜しょうゆ…小さじ1
　｜おろししょうが…小さじ1

● **キャベツとにんじんの蒸し焼き**
キャベツ…1枚(40g)
にんじん…1/4本(30g)
塩…適量

● **ごまごはん**
温かいごはん…180g
黒いりごま…少々

＊油…小さじ1

準備

・ごはんはバットに広げ、冷ます。

作り方

1 フライパンの全面に油をひき、弱めの中火にかける。野菜＊は切ったものからフライパンにそのつど入れ、水大さじ1/2を回しかけ、場所を分けてそれぞれ焼く(時々返す)。
＊にんじん：4cm長さの細切り、キャベツ：2〜3cm大。

2 豚肉に塩、こしょうをふり、片栗粉をまぶす。**1**に広げて入れて焼く。返して肉の色が変わるまで焼く。

3 野菜は火が通ったものからバットに取り出し、それぞれに塩少々をふって冷ます。

4 豚肉に火が通ったら端に寄せ、フライパンの余分な油をキッチンペーパーでふき取る。**A**を混ぜて加え、水気をとばしながら煮からめる。バットに取り出して冷ます。

5 弁当箱に❶〜❹の順に詰める。

❶ごはん　❷キャベツとにんじん（盛り合わせる）
❹ごま　❸豚肉

31

| しょうゆ味ベース ❻ |

鶏つくねの油揚げ
はさみ焼き弁当

油揚げを開いて、つくねだねをはさむので楽。
しょうゆだれがからみやすく食べ応えのある一品に。シンプルな副菜が合います。

- 主食　青じそごはん
- 主菜　鶏つくねの油揚げはさみ焼き
- 副菜1　焼きかぼちゃ
- 副菜2　ミニトマト

フライパン〈しょうゆ味〉 1章

材料

● **鶏つくねの油揚げ はさみ焼き**
鶏ひき肉…100g
油揚げ…1枚(18g)
玉ねぎ…小1/4個(40g)
A │ 酒…大さじ1
　 │ みそ…小さじ1
　 │ 塩…ひとつまみ
B │ みりん、酒…各小さじ2
　 │ しょうゆ…小さじ1

● **焼きかぼちゃ**
かぼちゃ…30g
塩…少々

● **ミニトマト**
ミニトマト…2個(20g)

● **青じそごはん**
温かいごはん…180g
青じそ…2枚

＊油…小さじ1

準備

・ごはんはバットに広げ、冷ます。

作り方

1 フライパンの半面ほどに油をひき、弱めの中火にかける。野菜＊は切ったものからフライパンにそのつど入れ、場所を分けてそれぞれ焼く（時々返す）。

＊かぼちゃ：4cm幅×7〜8mm厚さ、玉ねぎ：薄切り。

2 ボウルにひき肉と**A**を入れて混ぜる。油揚げは正方形になるよう3辺に切り込みを入れて開く。半分につくねだねをのせ(**a**)、油揚げを折ってはさむ。フライパンに入れ、焼き目がつくまで両面を焼く。

3 かぼちゃに火が通ったらバットに取り出し、塩をふって冷ます。

4 玉ねぎはフライパンの脇に寄せる。ふたをして弱火でさらに5分焼き、つくねをバットに取り出して冷ます。玉ねぎに**B**を混ぜて加え、強火で水気をとばしながら煮からめ、バットに取り出して冷ます。

5 弁当箱に❶〜❺の順に詰める。

❶ ごはん
（ごはんを全面に詰め、青じそをちぎってのせる）
❷ かぼちゃ
❸ ミニトマト
❹ つくね（食べやすく切る）
❺ 玉ねぎ（つくねにのせる）

しょうゆ味ベース ❼

ビビンパ風そぼろ弁当

定番のそぼろを焼き肉だれで味つけしました。
焼き肉の味に合わせ、副菜とごはんにごま油で風味をプラスしています。

- 副菜1 にんじんのナムル
- 副菜2 ピーマンのナムル
- 主菜2 ゆで卵
- 主菜1 牛ひき肉そぼろ
- 主食 のりの混ぜごはん

フライパン〈しょうゆ味〉　1章

材料

- **牛ひき肉そぼろ**
  牛ひき肉…80g
  焼き肉のたれ（市販）…小さじ1
  ※自家製焼き肉のたれの作り方は56ページ参照。
  白いりごま…少々

- **ゆで卵**
  ゆで卵　1個

- **にんじんのナムル**
  にんじん…小1/2本（50g）
  ごま油、塩…各少々

- **ピーマンのナムル**
  ピーマン…大1個（50g）
  ごま油、塩…各少々

- **のりの混ぜごはん**
  温かいごはん…180g
  焼きのり（全形）…1/2枚
  A｜ごま油、塩…各少々

＊油…小さじ1

準備

・ごはんはバットに入れ、のりをちぎって加える。Aを加えて混ぜ、広げて冷ます。

※そぼろの作り方は120ページも参照。
※ゆで卵の作り方は123ページ参照。

作り方

1 フライパンの半面ほどに油をひき、弱めの中火にかける。野菜＊は切ったものからフライパンにそのつど入れ、場所を分けてそれぞれ焼く（時々返す）。

＊にんじん：4cm長さのせん切り、ピーマン：縦半分に切ってから1cm幅の斜め切り。

2 野菜に火が通ったらバットに取り出して冷ます。

3 同じフライパンにひき肉と焼き肉のたれを入れ、よく混ぜてから火にかける。時々ゴムべらでほぐしながら炒める。水分がなくなり、脂が透明になるまで炒めたら、キッチンペーパーで油をふき取り、バットに取り出して広げ、冷ます。

4 弁当箱に❶〜❺の順に詰める。

❸にんじん（ごま油をからめ、塩をふる）
❹ピーマン（ごま油をからめ、塩をふる）
❺ゆで卵（殻をむく）
❶のりの混ぜごはん（全面に詰める）
❷そぼろ（ごまをふる）

| みそ味ベース ❶ |

豚肉のみそ焼き弁当

豚肉にみそだれをつけて焼くことで香ばしく仕上がり、食欲が進みます。
副菜はみその香りに負けないよう、削り節を合わせています。

主食　ごはん
主菜　豚肉のみそ焼き
副菜　小松菜とにんじんのおかかあえ

フライパン〈みそ味〉　1章

材料

● **豚肉のみそ焼き**

豚もも肉(薄切り)…4枚(100g)

A ｜ みそ…小さじ3
　　｜ 砂糖…小さじ2
　　｜ 酒…小さじ1

● **小松菜とにんじんのおかかあえ**

小松菜…1株(40g)
にんじん…¼本(30g)
塩…適量
削り節…⅔袋(1g)

● **ごはん**

温かいごはん…180g

＊油…小さじ1

準備

・ごはんはバットに広げ、冷ます。

作り方

1 フライパンの全面に油をひき、弱めの中火にかける。野菜＊は切ったものからフライパンにそのつど入れ、場所を分けてそれぞれ焼く(時々返す)。

＊にんじん：4cm長さの細切り、小松菜：4cm長さ。

2 ボウルにAを入れて混ぜる。豚肉を半分に折ってAを両面にからめ、フライパンに並べて焼く。焼き目がついたら返し、焼けたらバットに取り出して冷ます。

3 野菜は火が通ったものからバットに取り出し、それぞれに塩少々をふって冷ます。

4 弁当箱に❶〜❸の順に詰める。

❶ごはん
❷小松菜とにんじん(削り節をまぶし、盛り合わせる)
❸豚肉

37

| みそ味ベース❷ |

豚肉の
みそしょうが焼き弁当

豚肉のみそだれにはしょうがをプラスし、ごはんはのり弁に、どちらもしっかり味。
味つけなしのスティックにんじんが箸休めです。

主菜　豚肉のみそしょうが焼き
主食　ごはん（のり弁）
副菜1　焼き玉ねぎ
副菜2　焼きかぼちゃ
副菜3　スティックにんじん

フライパン〈みそ味〉　1章

材料

● **豚肉のみそしょうが焼き**
　豚ロース肉（しょうが焼き用）
　　…3枚（100g）
　A｜みそ…小さじ3
　　｜砂糖…小さじ2
　　｜酒…小さじ1
　　｜おろししょうが…小さじ1

● **焼き玉ねぎ**
　玉ねぎ…1/4個（50g）
　塩…少々

● **焼きかぼちゃ**
　かぼちゃ…40g
　塩…少々

● **スティックにんじん**
　にんじん…1/6本（20g）

● **ごはん**（のり弁）
　温かいごはん…180g
　削り節…1袋（1.5g）
　しょうゆ…小さじ1
　焼きのり（全形）…2/3枚

＊油…小さじ1

準備

・ごはんはバットに広げ、冷ます。

作り方

1 フライパンの全面に油をひき、弱めの中火にかける。野菜＊は切ったものからフライパンにそのつど入れ、場所を分けてそれぞれ焼く（時々返す）。にんじんは焼かずにバットにおく。

＊かぼちゃ：6㎝幅×1㎝厚さ、玉ねぎ：1㎝厚さのくし形切り、にんじん：7－8㎜角×6㎝長さの棒状。

2 ボウルにAを入れて混ぜる。豚肉の両面にAをからめ、フライパンに並べて焼く。焼き目がついたら返し、火が通ったらバットに取り出し、冷ます。

3 野菜は火が通ったものからバットに取り出し、それぞれに塩をふって冷ます。

4 弁当箱に❶〜❺の順に詰める。

❶ごはん（のり弁）
　⇒ 20ページ参照
　※ごはんは全面に詰める。

❷玉ねぎ
❺にんじん　❸かぼちゃ
　❹豚肉

| みそ味ベース ❸ |

にんじんつくね弁当

つくねは棒状のにんじんをはさむので、食べ応えがあります。
にんじんはれんこん、ブロッコリーなど水分が少なめの野菜にかえても。

主食 ごはん（のり弁）　副菜 いんげんのごまあえ

主菜 にんじんつくね

フライパン〈みそ味〉　1章

材料

● **にんじんつくね**
A｜豚ひき肉…120g
　｜細ねぎ（みじん切り）
　｜　…1本(5g)
　｜しょうが（みじん切り）
　｜　…小さじ1
　｜酒…大さじ1
　｜みそ…小さじ1
　｜塩…ひとつまみ
にんじん…1/4本(30g)

● **いんげんのごまあえ**
さやいんげん
　…5本(30g)
B｜白すりごま…小さじ1
　｜しょうゆ…少々

● **ごはん**（のり弁）
温かいごはん…180g
削り節…1袋(1.5g)
しょうゆ…小さじ1
焼きのり（全形）…2/3枚

＊油…小さじ1

準備

・ごはんはバットに広げ、冷ます。

※つくねの作り方は121ページも参照。

作り方

1 ボウルにAを入れ、ゴムべらでなめらかになるまで混ぜる。スプーンですくえるほどのかたさになるよう、水適量を加えて調整する。

2 フライパンの全面に油をひき、弱めの中火にかける。いんげんを4cm長さに切ってフライパンに入れて焼く。にんじんは1cm角×3cm長さの棒状に切る（9本用意する）。

3 2のフライパンに1の1/6量をスプーンですくって落とし、まるくととのえる。同様に計3個作る。にんじんを3本ずつのせ、残りの1をにんじんが見えなくなるようにそれぞれのせ、平らにととのえて焼く（**a**）。

4 焼き目がついたら返して焼き、両面に焼き目がついたらふたをして弱火で5〜8分、にんじんがやわらかくなるまで蒸し焼きにする。いんげんに火が通ったらバットに取り出して、冷ます。つくねに火が通ったら、バットに取り出して冷ます。

5 弁当箱に❶〜❸の順に詰める。

❶ごはん（のり弁）
　⇒20ページ参照
　※ごはんは向こう側半分に詰める。

❸いんげん
（Bをあえる）

❷つくね（半分に切る）

| みそ味ベース ❹ |

さわらのヤンニョム風弁当

さわらはコチュジャンと香味野菜を合わせてヤンニョム風の味つけに。
みそ、コチュジャンが魚の生臭さを和らげてくれてお弁当にぴったりです。

副菜 アスパラとスナップえんどうのすりごまあえ

主食 ごはん

主菜2 卵焼き

主菜1 さわらのヤンニョム風

フライパン〈みそ味〉 1章

材料

- **さわらのヤンニョム風**
  - さわら(切り身)…1切れ(100g)
  - 塩…少々
  - 小麦粉…小さじ1
  - A│ みそ、砂糖…各小さじ2
  　　│ 酒、コチュジャン
  　　│ 　…各小さじ1
  　　│ しょうが、長ねぎ
  　　│ 　(各みじん切り)…各小さじ1
  - ごま油…小さじ1

- **卵焼き**
  - 卵…1個
  - B│ 水…小さじ2
  　　│ 砂糖…小さじ1/2
  　　│ しょうゆ…少々
  　　│ 削り節…2/3袋(1g)

- **アスパラとスナップえんどうのすりごまあえ**
  - グリーンアスパラガス…2本(30g)
  - スナップえんどう…6個(30g)
  - 塩、白すりごま…各少々

- **ごはん**
  - 温かいごはん…180g

*油…小さじ1

準備

・ごはんはバットに広げ、冷ます。

※卵焼き器での卵焼きの作り方は122ページ参照。

作り方

1 卵はボウルに割りほぐし、**B**を加えて混ぜる。フライパンの全面に油を熱し、卵液を流し入れ、菜箸で混ぜる。卵が固まりきらないうちに両端を折り、ゴムべらで手前に巻き、弱火にして火を通す。バットに取り出してキッチンペーパーを巻いて形をととのえ、冷ます。

2 1のフライパンを弱めの中火にかける。野菜*は切ったものからフライパンにそのつど入れ、場所を分けてそれぞれ焼く(時々返す)。

*アスパラ:ピーラーでかたい部分をむいて4cm長さ、スナップえんどう:筋を取り除いて斜め半分に切る。

3 さわらは食べやすく切り、余分な水分をキッチンペーパーでふいてから塩をふり、小麦粉をまぶす。フライパンのあいた部分にごま油をひき、さわらを焼く。焼き目がついたら返して焼き、火が通ったらバットに取り出し、熱いうちに、混ぜた**A**をからめて冷ます。

4 野菜は火が通ったものからバットに取り出して、冷ます。

5 弁当箱に❶〜❹の順に詰める。

❸アスパラとスナップえんどう(塩とごまをふってあえる)

❶ごはん　❷卵焼き(食べやすく切る)

▼

❹さわら

| みそ味ベース ❺ |

鶏肉ときのこの
みそあえ弁当

みそ味もゆで鶏に合わせるとさっぱりと。
食べる頃までにみそだれがなじんでおいしくなります。副菜もみそ風味で食べましょう。

主食 おかか梅干しごはん　　**副菜** ゆでキャベツとゆでにんじん

主菜 鶏肉ときのこのみそあえ

フライパン〈みそ味〉 1章

材料

- **鶏肉ときのこのみそあえ**
  鶏もも肉 … 約1/2枚 (120g)
  しめじ … 1/2パック (60g)
  しょうが (薄切り) … 2〜3枚
  A │ みそ … 小さじ3
  　│ 砂糖 … 小さじ2
  　│ 酒 … 小さじ1

- **ゆでキャベツと ゆでにんじん**
  キャベツ … 1枚 (40g)
  にんじん … 1/4本 (30g)
  塩 … 小さじ2

- **おかか梅干しごはん**
  温かいごはん … 180g
  削り節 … 1袋 (1.5g)
  梅干し … 1/2個 (7g)

準備

・ごはんはバットに広げ、冷ます。

作り方

1 フライパンに水500mlを入れ、塩を加えて沸かす。その間に野菜ときのこ、鶏肉*を切る。
＊キャベツ：2〜3cm大、にんじん：1.5cm幅×4cm長さの短冊切り、しめじ：ほぐす、しょうが：せん切り、鶏肉：1.5cm幅。

2 1の湯が沸いたら、キャベツ、にんじんの順にそれぞれ塩ゆでする。ゆで上がったら湯をきり、バットに取り出して冷ます。

3 同じフライパンに鶏肉としめじを入れて1分30秒〜2分ゆでる。ざるに上げて水気をきったら、ボウルに移し、熱いうちにしょうが、Aとあえる。バットに取り出して広げ、冷ます。

4 弁当箱に❶〜❹の順に詰める。

❶ごはん
（ごはんを半量詰めて削り節をのせ、残りのごはんを詰める）

❷キャベツとにんじん
（盛り合わせる）

❸鶏肉

❹梅干し（ちぎってごはんにのせる）

| 塩味ベース ❶ |

鶏もも肉の塩焼き弁当

鶏肉は皮をしっかり焼いて香ばしく仕上げます。
14ページの照り焼き同様に皮つきで切らずに焼くことで、冷めてもしっとり！

主食　ピラフ風ごはん　　主菜　鶏もも肉の塩焼き　　副菜2　ミニトマト

副菜1　じゃがいもといんげんのソテー

フライパン〈塩味〉 1章

材料

● **鶏もも肉の塩焼き**
　鶏もも肉…約1/2枚（120g）
　塩…少々

● **じゃがいもといんげんの
　ソテー**
　じゃがいも…1/2個（60g）
　さやいんげん…5本（30g）
　塩、こしょう…各適量

● **ミニトマト**
　ミニトマト…小2個（15g）

● **ピラフ風ごはん**
　温かいごはん…180g
　しょうゆ、塩、こしょう…各少々

＊オリーブ油…小さじ1

作り方

1 フライパンの半面ほどにオリーブ油をひ
き、弱めの中火にかける。野菜＊は切った
ものからフライパンにそのつど入れ、場所
を分けてそれぞれ焼く（時々返す）。
　＊じゃがいも：1cm角×4cm長さの棒状、いん
げん：4cm長さ。

2 鶏肉は身の厚い部分に包丁を入れて、火
の通りをよくし、両面に塩をふる。皮目を
下にして**1**のフライパンに入れ、皮がカ
リッと焼けてきたら返し、火を少し弱めて
焼く。

3 野菜に火が通ったらバットに取り出し、そ
れぞれに塩、こしょう各少々をふって冷ま
す。肉に火が通ったらバットに取り出して
冷ます。

4 **3**のフライパンにごはんを入れて炒め、
しょうゆ、塩、こしょうを加え混ぜる。バッ
トに取り出して広げ、冷ます。

5 弁当箱に❶〜❹の順に詰める。

❶ピラフ風　　❷じゃがいもといんげん
　ごはん　　　　（盛り合わせる）

❹ミニトマト

❸鶏肉（食べやすく切る）

47

| 塩味ベース ❷ |

鮭弁

王道の焼き鮭には、焼くだけでうまみが増すしいたけとれんこんを添えました。
漬け物がわりにかぶの梅あえを合わせています。

主菜 鮭のフライパン焼き

副菜1 焼きしいたけと焼きれんこん

副菜2 かぶの梅あえ

主食 ごはん（のり弁）

フライパン〈塩味〉　1章

材料

● **鮭のフライパン焼き**
　塩鮭（甘塩）…1切れ（100g）

● **焼きしいたけと焼きれんこん**
　しいたけ…2個（40g）
　れんこん…2cm（30g）
　塩…適量

● **かぶの梅あえ**
　かぶ…1/2個（50g）
　梅干し…1/2個（7g）

● **ごはん（のり弁）**
　温かいごはん…180g
　削り節…1袋（1.5g）
　しょうゆ…小さじ1
　焼きのり（全形）…2/3枚

＊ごま油…小さじ1

準備

・ごはんはバットに広げ、冷ます。

作り方

1 かぶは3〜4mm厚さに切る。梅干しはちぎり、かぶにもみ込む。

2 フライパンの半面ほどにごま油をひき、弱めの中火にかける。野菜ときのこ*は切ったものからフライパンにそのつど入れ、場所を分けてそれぞれ焼く（時々返す）。
＊れんこん：1cm厚さの半月切り、しいたけ：軸の先を切り落として半分に切る。

3 フライパンのあいた部分にフライパン用アルミホイルを敷き、塩鮭をのせて焼く。焼き目がついたら返して焼く。かぶは軽く水気をきっておく。

4 鮭は火が通ったらバットに取り出して冷ます。野菜ときのこは火が通ったらバットに取り出し、それぞれに塩少々をふって冷ます。

5 弁当箱に❶〜❹の順に詰める。

❶ごはん（のり弁）⇒20ページ参照
❷れんこんとしいたけ（盛り合わせる）

❸鮭
❹かぶ

49

塩味ベース ❸

鶏むね肉のピカタ弁当

さっぱりとした鶏むね肉に卵の衣をつけてしっとりと。
鶏肉が塩味なので、ケチャップ味のごはんを合わせてうまみを足します。

主菜　鶏むね肉のピカタ
副菜2　焼きアスパラと焼きエリンギ
主食　ケチャップライス
副菜1　コーンの塩、こしょう炒め

フライパン〈塩味〉　1章

材料

- **鶏むね肉のピカタ**
  鶏むね肉…小1/2枚(100g)
  溶き卵…1/2個分
  小麦粉…小さじ1
  塩、こしょう…各少々

- **コーンの塩、こしょう炒め**
  冷凍ホールコーン…40g
  塩、こしょう…各少々

- **焼きアスパラと焼きエリンギ**
  グリーンアスパラガス
  　…2本(30g)
  エリンギ…1本(40g)
  塩、こしょう…各適量

- **ケチャップライス**
  温かいごはん…180g
  A｜トマトケチャップ
  　　…大さじ1
  　｜しょうゆ…小さじ1

＊オリーブ油…小さじ2

作り方

1 フライパンの全面にオリーブ油をひき、弱めの中火にかける。きのこと野菜＊は切ったものからフライパンにそのつど入れ、場所を分けてそれぞれ焼く(時々返す)。コーンは凍ったまま入れて焼く。

＊エリンギ：縦半分に切って長さを2等分に切る、アスパラ：ピーラーでかたい部分をむいて4cm長さ。

2 鶏肉は5等分のそぎ切りにして全体に塩、こしょうをふる。小麦粉をまぶし、溶き卵にくぐらせてフライパンに並べ入れ、残った溶き卵を上からかける。5分ほど経って7割ほど火が通ったら返し、弱火で3～4分焼く。火が通ったらバットに取り出して冷ます。

3 きのこと野菜は火が通ったらバットに取り出し、それぞれに塩、こしょう各少々をふって冷ます。

4 3のフライパンにごはんを入れて炒め、Aを加えて炒め合わせる。バットに取り出して広げ、冷ます。

5 弁当箱に❶～❹の順に詰める。

❶ケチャップライス　❷アスパラとエリンギ（盛り合わせる）
❸鶏肉
❹コーン

| 塩味ベース ❹ |

オクラの肉巻き弁当

肉巻きはひと手間かかるので、野菜は下ゆで不要なオクラがおすすめ。
主菜がシンプルなので、副菜はベーコンでコクを出します。

主菜 オクラの肉巻き

主食 ごまごはん

副菜1 玉ねぎとベーコンの炒め物

副菜2 ミニトマト

フライパン〈塩味〉　1章

材料

● **オクラの肉巻き**
　豚もも肉（しゃぶしゃぶ用）
　　…4枚（120g）
　オクラ…4本（50g）
　塩、こしょう…各少々

● **玉ねぎとベーコンの炒め物**
　玉ねぎ…小1/4個（40g）
　ベーコン…1/2枚（10g）
　塩、こしょう…各少々

● **ミニトマト**
　ミニトマト…3個（30g）

● **ごまごはん**
　温かいごはん…180g
　黒いりごま…少々

＊油…小さじ1

準備

・ごはんはバットに広げ、冷ます。

作り方

1 フライパンの全面に油をひき、弱めの中火にかける。切ったもの＊からフライパンにそのつど入れ、場所を分けてそれぞれ焼く（時々返す）。
　＊ベーコン：1cm幅、玉ねぎ：1cm厚さのくし形切り。

2 オクラはガクをむき、ヘタの先を切る。まな板に塩、こしょうをふり、その上に豚肉を広げて並べ、オクラを手前にのせて芯にして巻く。

3 巻き終わりを下にして**1**のフライパンに並べ入れ、時々返して焼く。全体に焼き目がついたら、ふたをして火を弱めて5分焼き、火が通ったらバットに取り出して冷ます。

4 玉ねぎに火が通ったら、ベーコンに焼き目がついたらバットに取り出す。玉ねぎに塩、こしょうをふり、それぞれ冷ます。

5 弁当箱に❶〜❺の順に詰める。

❶ごはん　❷玉ねぎとベーコン（盛り合わせる）
❺ごま　❸肉巻き　❹ミニトマト

| 塩味ベース ❺ |

豚こま肉の梅肉炒め弁当

味のからみやすい豚こま肉に梅とみりんを合わせています。
塩味の副菜と合わせて食べるとちょうどよいバランスです。

主菜　豚こま肉の梅肉炒め
副菜2　きゅうりのしょうゆ漬け
副菜1　ピーマンとじゃがいもの炒め物
主食　ごはん

フライパン〈塩味〉　1章

材料

- **豚こま肉の梅肉炒め**
  豚こま切れ肉…100g
  青じそ…3枚
  塩…少々
  A │ しょうが(薄切り)…2枚
  　 │ 梅干し…1/2個(7g)
  　 │ みりん…小さじ2

- **ピーマンとじゃがいもの炒め物**
  じゃがいも…1/2個(60g)
  ピーマン…1個(40g)
  塩…適量

- **きゅうりのしょうゆ漬け**
  きゅうり…小1/3本(30g)
  B │ しょうゆ…小さじ1
  　 │ 砂糖…小さじ1/2

- **ごはん**
  温かいごはん…180g

＊油…小さじ1

準備

・ごはんはバットに広げ、冷ます。
・Aのしょうがはせん切りにし、みりんと合わせ、梅干しはつぶしながら混ぜる。

作り方

1 きゅうりは縦4等分に切り、混ぜ合わせたBに20分以上漬ける。

2 フライパンの半面ほどに油をひき、弱めの中火にかける。野菜＊は切ったものからフライパンにそのつど入れ、場所を分けてそれぞれ焼く(時々返す)。
＊じゃがいも：1cm角×4cm長さの棒状、ピーマン：小さめの乱切り。

3 野菜にある程度火が通ってきたら、豚肉に軽く塩をふってフライパンに入れ、菜箸でほぐしながら両面を焼く。

4 野菜に火が通ったら、バットに取り出して、それぞれに塩少々をふって冷ます。

5 豚肉に火が通ったら、**4**のフライパンに**A**を加え、水気をとばしながら煮からめ、青じそをちぎりながら加えて混ぜ、バットに取り出して冷ます。

6 弁当箱に❶〜❹の順に詰める。

❶ごはん　❷じゃがいもとピーマン(盛り合わせる)

❹きゅうり　❸豚肉

column

ダンノ式じみ弁当のあれこれ

自家製調味料でお弁当をさらにおいしく!

市販品でももちろんいいですが、自家製の調味料は格別の味わい。
作っておけば、お弁当はもちろん、ふだんのおかずにも◎。

焼き肉のたれ

● 材料と作り方(9回分)
清潔な保存容器に酒・みりん各大さじ2、砂糖・しょうゆ・おろししょうが・おろし玉ねぎ・白いりごま各大さじ1を入れて混ぜる。

＊1人分の肉や魚(100〜120g)に対して、大さじ1を使用。

● 保存方法と期間
冷蔵室で1か月
⇒ビビンバ風そぼろ弁当(34ページ)などに使用。

しょうゆ麹

● 材料と作り方(作りやすい分量)
1 食品用のアルコールで消毒した保存容器に米麹(生)100gを入れ、しょうゆ150〜180mlを注いで混ぜる。ふたをして室温におく。

2 1日1回清潔なスプーンで混ぜ、米麹に芯がなくなるまで4日(夏場)〜1週間ほど(冬場)続ける。常に麹がしょうゆで隠れる状態になるよう、適宜しょうゆを足す。

＊1人分の肉や魚(100〜120g)に対して、大さじ1を使用。

● 保存方法と期間
冷蔵室で6か月
⇒豚もも肉の煮豚風弁当(70ページ)などに使用。

あると便利な調理道具を使って!

朝は忙しく、時間がないもの。下ごしらえや調理の時間を短くできるよう、
便利な調理器具をぜひ使いましょう。

スライサー

にんじんのせん切りなどは、包丁で切ると時間がかかるもの。スライサーを使えば簡単＆早い!

粉ふりボトル

肉や魚などに小麦粉や片栗粉をふるときは、茶こしを使うと均一にまぶすことができます。粉ふりボトルを使うと、手が汚れず、洗い物も減らせます。

2章

「主菜は前夜に ポリ袋でラクづけ」 弁当

　前日の晩に、ポリ袋に肉や魚、調味料を入れてつけておく。作りおきが苦手な人でも、これならできるはず。下味がついているから、朝起きたら、加熱するだけでOK！　あとはごはんを用意し、副菜を作るだけでいいんです。忙しい朝の時間をムダなく使えます。しかも、主菜は一晩つけているから、味がしっかり染みていておいしい！

主菜はポリ袋でつけて
ラクチン＆おいしい

朝は忙しいもの。前日に肉や魚に下味をつけておくだけで、グンと気が楽になります。
前日からつけるから、味がしっかり染みておいしい！
当日の朝はポリ袋ごとゆでるか、取り出してフライパンやグリルで焼きましょう。

step 1
前夜にポリ袋でつける

ポリ袋は27×18cmの食品用。高密度ポリエチレン製で130℃以上の耐熱性があるものを使用。

空気を抜きながらねじり上げ、袋の上の方を結ぶ。
＊湯せんすると袋の中の空気が膨張するので、膨らむ余地を作っておく。

味がよく染みる
ポリ袋に肉や魚、調味料を入れ、冷蔵室で一晩つける。ポリ袋は空気を抜きやすく、味が染みやすい。

保存できる
ポリ袋は空気をしっかり抜けるので、つけたまま冷蔵で保存ができる。ポリ袋の封を開けないこと。
＊保存期間：しょうゆ味2〜4日、みそ味2週間、塩味1〜2日、しょうゆ麹4〜5日。

step 2
当日、調理する

ポリ袋ごとゆでる

⇒くわしくは60〜63ページ

肉や魚がしっとり
ポリ袋ごとゆでると、ゆで汁にうまみが逃げず、冷める過程で肉汁が肉に染みるので、しっとり仕上がる。

作りおきしてもいい
前夜に2食分（2袋）をつけ、一緒にゆでてもOK！ 残りは翌日や翌々日のお弁当に入れても。
＊保存期間：冷蔵で3日保存可能。

2章 ポリ袋でラクづけ

野菜もつけてOK！

ポリ袋でつけられるのは主菜（肉や魚）だけではありません。野菜もしょうゆなどにつけておくと、簡単浅漬けができあがります。多めにつけて作りおきしても。肉や魚とは異なり、数日分まとめて作ってもOK。

焼く

㊙テク「分け焼き」

フライパンで

グリルで

場所を分けて焼く

フライパンで焼くときは、野菜と肉・魚はふれないように場所を分ける。**くわしくは12〜19ページを。**

ポリ袋から出して焼く

肉や魚はポリ袋から取り出して焼く。つけ汁は基本的にフライパンに入れないこと。

アルミホイルを使うといい

食材をアルミホイルにのせて焼くと、グリルが汚れなくていい。肉・魚と野菜は異なるアルミホイルにのせて！

野菜には水や油を回しかける

野菜に水大さじ1や油少々をかけて焼く。こうすると、野菜の水分がとびすぎたり、生焼けが防げる。

59

ポリ袋でゆでる ❶ 塩味ベース

鶏ハム弁当

鶏ハムは厚切りにしたり、細かくほぐして野菜とあえたり、
使い勝手のよいおかずなので、ぜひ作ってください。

副菜1　主食　主菜　副菜2

2章 ポリ袋でラクづけ〈ゆでる〉

- **主菜** 鶏ハム
- **副菜1** きゅうりともやしの塩ごま油あえ
- **副菜2** 切り干し大根のしょうゆ漬け
- **主食** ごはん

材料

- **鶏ハム**
  鶏むね肉…約1/2枚（120g）
  A｜しょうが（薄切り）…2枚
  　　長ねぎ（青い部分）…10cm
  　　酒…小さじ1
  　　塩…ふたつまみ

- **きゅうりともやしの塩ごま油あえ**
  きゅうり…小1/3本（30g）
  もやし…1/10袋（30g）
  B｜ごま油、塩…各少々
  　　白いりごま…少々

- **切り干し大根のしょうゆ漬け**
  切り干し大根…3g
  C｜みりん…小さじ2
  　　しょうゆ…小さじ1

- **ごはん**
  温かいごはん…180g

前夜の仕込み

- 鶏肉の身の厚い部分に包丁を入れる（**a**）。ポリ袋*に鶏肉、**A**を入れ、空気を抜きながらねじり上げ、袋の上の方を結び（**b**）、冷蔵室に一晩おく。
  ＊ポリ袋は熱湯につけるので、高密度ポリエチレン製を使用する。

- 耐熱容器に**C**を入れ、電子レンジで20〜30秒加熱する。切り干し大根はもどさずに使う。キッチンばさみで食べやすい長さに切り、別のポリ袋に入れて**C**を加え、鶏肉と同様にポリ袋の空気を抜いて口を閉じ、冷蔵室に一晩おく。

当日の準備

- ごはんはバットに広げ、冷ます。

Point
お弁当箱に詰めてから冷ますより、この方が早い。

作り方

1
鶏肉を加熱する

直径14cmの鍋に湯を500ml以上沸かし、鶏肉をポリ袋ごと入れる。

▼

再び沸騰したら、ふたをして弱火で10分加熱する。

> **Point**
> 湯の量と加熱時間を守り、鶏肉に火が通る温度を保つ。

2
野菜はレンジ加熱する

耐熱容器にもやしを入れ、ラップをふんわりとかけて電子レンジで1分加熱する。

> **Point**
> **電子レンジで加熱するときは、必ず耐熱性の容器を使う**。加熱すると、水蒸気が発生するので、調理中に空気を抜きたいときは、ラップをふんわりとかけて、蒸気の通り道を作る。

▼

きゅうりは4cm長さの細切りにし、もやしが熱いうちに加えてあえる。**B**を加えて混ぜる。そのままおいて冷ます。

3
鶏肉を冷ます

1が10分経ったら、ポリ袋ごと流水にあてて冷ます。

> **Point**
> ・時間の目安は10〜12分。**夏場は保冷剤や氷なども利用する**とよい。
> ・調理後に**ポリ袋を開封しなければ、冷蔵で3日保存可能**。

▼

鶏肉を取り出して、薄く切る。

ごはんもおかずも冷ましてあるから、詰めたらすぐにふたをしてOK！

4
弁当箱に詰める

ごはんを手前に、もやしときゅうりを奥に詰める。鶏肉はごはんと野菜にのせる。

▼

切り干し大根のしょうゆ漬けをのせる。

▼▼▼

できあがり！

| ポリ袋でゆでる ❷ みそ味ベース |

鶏もも肉の
みそ風味蒸し弁当

鶏肉は中までしっかり味が染みているのでシンプルな温野菜と一緒に食べると
ちょうどいい。にんじんのしょうゆ漬けでごはんが進む。

- 主食　ごはん
- 副菜1　アスパラとパプリカの温野菜
- 副菜2　にんじんのしょうゆ漬け
- 主菜　鶏もも肉のみそ風味蒸し

材料

● 鶏もも肉のみそ風味蒸し
鶏もも肉(シチュー用)…120g
A │ しょうが(薄切り)…2枚
  │ みそ…小さじ3
  │ 砂糖…小さじ2
  │ 酒…小さじ1

● アスパラとパプリカの温野菜
グリーンアスパラガス…2本(30g)
パプリカ(黄)…1/4個(40g)
ごま油、塩…各少々

● にんじんのしょうゆ漬け
にんじん…1/4本(30g)
B │ みりん…小さじ2
  │ しょうゆ…小さじ1

● ごはん
温かいごはん…180g

前夜の仕込み

・ポリ袋*に鶏肉、Aを入れ、空気を抜きながらねじり上げ、袋の上の方を結び、冷蔵室に一晩おく。
*高密度ポリエチレン製を使用。

・耐熱容器にBを入れ、電子レンジで20〜30秒加熱する。にんじんは7〜8mm角×4cm長さの棒状に切る。別のポリ袋ににんじん、Bを入れ、鶏肉と同様にポリ袋の空気を抜いて口を閉じ、冷蔵室に一晩おく。

当日の準備

・ごはんはバットに広げ、冷ます。

作り方

1 鍋に湯を500mℓ以上沸かし、ポリ袋ごと鶏肉を入れる。再び沸騰したら、ふたをして弱火で10分加熱する。

2 パプリカは半分の長さに切って1cm幅に切り、アスパラはピーラーでかたい部分をむいて4cm長さの斜め切りにする。ともに耐熱容器に入れ、ラップをふんわりとかけて電子レンジで1分加熱し、取り出して冷ます。

3 1が10分経ったら、ポリ袋ごと流水にあてて冷ます(時間の目安は10〜12分。夏場は保冷剤や氷なども利用するとよい)。

4 弁当箱に❶〜❹の順に詰める。

❶ ごはん
❷ アスパラとパプリカ(ごま油をまぶして塩をふり、盛り合わせる)

❹ にんじん
❸ 鶏肉(しょうがを除き、汁気をきる)

| ポリ袋でゆでる ❸ しょうゆ味ベース |

鮭しっとりそぼろの4色弁当

鮭は焼かずにポリ袋に入れてゆでることでしっとり。4色はしょうゆ味、塩味、おかか、甘めの卵と、飽きないように異なる印象の味つけです。

- 主菜1 鮭のしっとりそぼろ
- 副菜1 小松菜のおかかあえ
- 主食 ごはん
- 主菜2 いり卵
- 副菜2 焼きしめじ

ポリ袋でラクづけ〈ゆでる〉 2章

材料

● **鮭のしっとりそぼろ**

生鮭…1切れ（100g）

A | しょうゆ、酒、砂糖
　　…各小さじ1

● **いり卵**

卵…1個

B | 砂糖…小さじ1
　　塩…ひとつまみ

● **小松菜のおかかあえ**

小松菜…1株（40g）
削り節…2/3袋（1g）
塩…少々

● **焼きしめじ**

しめじ…1/2パック（60g）
塩…少々

● **ごはん**

温かいごはん…180g

＊油…小さじ1

前夜の仕込み

・鮭は余分な水分をキッチンペーパーでふき取る。ポリ袋＊に鮭、**A**を入れ、空気を抜きながらねじり上げ、袋の上の方を結び、冷蔵室に一晩おく。

＊高密度ポリエチレン製を使用。

当日の準備

・ごはんはバットに広げ、冷ます。

作り方

1 鍋に湯を500mℓ以上沸かし、ポリ袋ごと鮭を入れる。再び沸騰したら、ふたをして弱火で7〜8分加熱する。

2 フライパンの全面に油をひき、弱めの中火にかける。きのこと野菜＊は切ったものからフライパンにそのつど入れ、場所を分けてそれぞれ焼く（時々返す）。
＊しめじ：ほぐす、小松菜：2cm長さ。

3 **2**は火が通ったものからバットに取り出して、それぞれに塩をふって冷ます。

4 卵はボウルに割りほぐし、**B**を加えて混ぜる。**3**のフライパンを弱めの中火にかけて卵液を流し入れ、ゴムべらで大きくかき混ぜてからほぐし、そぼろ状にする。バットに取り出して冷ます。

5 **1**が7〜8分経ったら、ポリ袋ごと流水にあてて冷ます（時間の目安は10〜12分。夏場は保冷剤や氷なども利用するとよい）。袋を開けて皮と骨を除き、袋の上からもんで身をほぐしてそぼろ状にする。

6 弁当箱に❶〜❺の順に詰める。

❷鮭のそぼろ　❹小松菜（削り節をまぶす）

❶ごはん（全面に詰める）

❸いり卵　❺しめじ

67

| ポリ袋でゆでる ❹ しょうゆ味ベース |

鶏手羽元の
しょうゆ煮弁当

ポリ袋を使うことで、鶏手羽元が短時間でやわらかく仕上がります。
残った汁にゆで卵を多めにつけておくと、次の日のおかずにも使えます。

主菜1 鶏手羽元のしょうゆ煮

主食 さつまいもの炊き込みごはん

副菜 焼きピーマン

主菜2 味つき卵

材料

● **鶏手羽元のしょうゆ煮＆味つき卵**
鶏手羽元…2〜3本(150g)
ゆで卵…1個
A │ しょうが(薄切り)…2枚
  │ しょうゆ、酒、砂糖
  │ …各小さじ1

● **焼きピーマン**
ピーマン…2個(80g)
塩…少々

● **さつまいもの炊き込みごはん**
(作りやすい分量・2人分)
米…1合(150g)
さつまいも…1/3本(100g)
黒いりごま、塩…各少々

＊油…小さじ1/2

前夜の仕込み

・手羽元は余分な水分をキッチンペーパーでふき取る。ポリ袋＊に手羽元、Aを入れ、空気を抜きながらねじり上げ、袋の上の方を結び、冷蔵室に一晩おく。
＊高密度ポリエチレン製を使用。

※ゆで卵の作り方は123ページ参照。

作り方

1 さつまいもは皮つきのまま1.5cm角に切る。米は洗って炊飯器の内釜に入れ、1合の目盛りまで水を加える。さつまいもをのせてふつうに炊く。炊き上がったら、半量はバットに広げ、冷ます。

2 鍋に500ml以上の湯を沸かし、ポリ袋ごと手羽元を入れる。再び沸騰したら、ふたをして弱めの中火で15分加熱する。

3 フライパンの全面に油をひき、弱めの中火にかける。ピーマンは縦1/4等分に切り、フライパンに入れて焼く。火が通ったらバットに取り出し、塩をふって冷ます。

4 2が15分経ったら、ポリ袋ごと流水にあてて冷ます(時間の目安は10〜12分。夏場は保冷剤や氷なども利用するとよい)。袋の上から手羽元の骨を外して袋の口を開け、殻をむいたゆで卵を煮汁に10分以上つける。

5 弁当箱に❶〜❺の順に詰める。

❶さつまいもの炊き込みごはん
❷ピーマン

❺黒ごまと塩　❹味つき卵
❸鶏手羽元
(しょうがを除き、汁気をきる)

| ポリ袋でゆでる ❺ しょうゆ麹 |

豚もも肉の煮豚風弁当

冷蔵庫に野菜がない……、そんなときのお弁当です。
こんな日の夕食は野菜を多めに補給します。青じそごはんで香りをプラス。

主食 青じそごはん　　主菜1 豚もも肉の煮豚風　　主菜2 味つき卵

材料

- **豚もも肉の煮豚風&味つき卵**
  豚もも肉（かたまり）…150g
  ゆで卵…1個
  しょうが（薄切り）…2枚
  しょうゆ麹…大さじ1

- **青じそごはん**
  温かいごはん…180g
  青じそ…2枚

前夜の仕込み

・豚肉は余分な水分をキッチンペーパーでふき取り、3等分に切る。ポリ袋に豚肉、しょうが、しょうゆ麹を入れ、空気を抜きながらねじり上げ、袋の上の方を結び、冷蔵室に一晩おく。

しょうゆ麹とは

しょうゆ麹はしょうゆと米麹を混ぜて発酵させたもので、肉や魚をつけると加熱したときにしっとり仕上がる。

※自家製にしてもおいしい。作り方は56ページ参照。

当日の準備

・ごはんはバットに広げ、冷ます。

作り方

1 鍋に湯を500mℓ以上沸かし、ポリ袋ごと豚肉を入れる。再び沸騰したら、ふたをして弱火で8～10分加熱する。

2 8～10分経ったら、ポリ袋ごと流水にあてて冷ます（時間の目安は10～12分。夏場は保冷剤や氷なども利用するとよい）。袋の口を開け、殻をむいたゆで卵を煮汁に10分以上つける。

3 弁当箱に❶～❸の順に詰める。

❸ 豚肉
❷ 味つき卵
❶ ごはん
（全面に詰め、青じそを手で細かくちぎってのせる）

※ゆで卵の作り方は123ページ参照。

| フライパンで焼く ❶ みそ味ベース |

豚肉の
みそ青椒肉絲風弁当
(チンジャオロースー)

ピーマンは肉とふれないように焼くと、水分が出にくく色も鮮やかです。
豚肉に味がしっかりついているので、副菜はシンプルに。

主菜　豚肉のみそ青椒肉絲風
副菜1　焼きかぼちゃ
主食　ごはん
副菜2　ミニトマト

材料

● **豚肉のみそ青椒肉絲風**
豚もも肉(薄切り)…120g
ピーマン…1個(40g)
A｜みそ…小さじ3
　｜砂糖…小さじ2
　｜酒…小さじ1

● **焼きかぼちゃ**
かぼちゃ…30g
塩…少々

● **ミニトマト**
ミニトマト…小2個(15g)

● **ごはん**
温かいごはん…180g

＊油…小さじ1

前夜の仕込み

・豚肉は細切りにする。ポリ袋に豚肉、**A**を入れて軽くもみ込み、空気を抜きながらねじり上げ、袋の上の方を結び、冷蔵室に一晩おく。

当日の準備

・ごはんはバットに広げ、冷ます。

作り方

1 フライパンの全面に油をひき、弱めの中火にかける。野菜＊は切ったものからフライパンにそのつど入れ、場所を分けてそれぞれ焼く(時々返す)。
＊かぼちゃ：4cm幅×7〜8mm厚さ、ピーマン：1cm幅の細切り。

2 豚肉をポリ袋から出し、みそだれごとフライパンに入れ、菜箸でほぐしながら炒める。肉の色が変わってきたら返す。火が通ったらバットに取り出して冷ます。

3 野菜は火が通ったものからバットに取り出し、かぼちゃには塩をふって冷ます。

4 弁当箱に❶〜❹の順に詰める。

❷ 豚肉とピーマン(盛り合わせる)
❸ かぼちゃ
❶ ごはん(全面に詰める)
❹ ミニトマト

| フライパンで焼く❷　しょうゆ味ベース |

さばの竜田揚げ焼き弁当

肉よりボリューム感がない魚は揚げ焼きにして、満足感をプラス。
香りの強い魚には香りのある野菜を合わせるのがおすすめです。

副菜2　小松菜の梅ごま風味

主食　ごはん

副菜1　ごぼうとにんじんの炒め物

主菜　さばの竜田揚げ焼き

2章 ポリ袋でラクづけ〈フライパンで焼く〉

材料

● さばの竜田揚げ焼き
　さば…半身（100g）
　A｜しょうゆ、酒、砂糖
　　　…各小さじ1
　　　おろししょうが…少々
　片栗粉…小さじ2
　油…大さじ1/2

● ごぼうとにんじんの炒め物
　ごぼう…8cm（30g）
　にんじん…1/4本（30g）
　塩…適量

● 小松菜の梅ごま風味
　小松菜…1株（40g）
　梅干し…1/2個（7g）
　白すりごま…小さじ1
　塩…少々

● ごはん
　温かいごはん…180g

＊ごま油…小さじ1

前夜の仕込み

・さばは余分な水分をキッチンペーパーでふき取り、骨を取って食べやすく切る。ポリ袋にさば、**A**を入れて軽くもみ込み、空気を抜きながらねじり上げ、袋の上の方を結び、冷蔵室に一晩おく。

当日の準備

・ごはんはバットに広げ、冷ます。

作り方

1 フライパンの全面にごま油をひき、弱めの中火にかける。野菜＊は切ったものからフライパンにそのつど入れ、場所を分けてそれぞれ焼く（時々返す）。
＊ごぼう・にんじん：4cm長さのせん切り、小松菜：4cm長さ。

2 野菜は火が通ったものからバットに取り出し、それぞれに塩少々をふって冷ます。

3 **2**のフライパンに油を足す。さばをポリ袋から取り出して汁気をきり、片栗粉をまぶす。フライパンに入れて火にかけ、返しながら揚げ焼きにする。全体に焼き目がついたら、キッチンペーパーを敷いたバットに取り出して冷ます。

4 弁当箱に❶〜❹の順に詰める。

❸小松菜（梅干しをちぎって加え、ごまをまぶす）　❷ごぼうとにんじん（盛り合わせる）
❶ごはん

▼

❹さば

| フライパンで焼く ❸　しょうゆ麹 |

豚ヒレの
しょうゆ麹づけ焼き弁当

脂の少ないヒレ肉はしょうゆ麹でつけておくと、焼いてもしっとり。
のり弁でしっかり味があるので、副菜の塩加減は軽めに仕上げます。

副菜1　焼きれんこん

主食　ごはん（のり弁）

副菜2　小松菜とにんじんのごまあえ

主菜　豚ヒレ肉のしょうゆ麹づけ焼き

材料

- **豚ヒレ肉の　しょうゆ麹づけ焼き**
  豚ヒレ肉（かたまり）…120g
  しょうゆ麹（71ページ参照）
  　…大さじ1

- **焼きれんこん**
  れんこん…2cm（30g）
  塩…少々

- **小松菜とにんじんのごまあえ**
  小松菜…1株（40g）
  にんじん…1/4本（30g）
  塩…適量
  白すりごま…小さじ1

- **ごはん**（のり弁）
  温かいごはん…180g
  削り節…1袋（1.5g）
  しょうゆ…小さじ1
  焼きのり（全形）…2/3枚

＊油…小さじ1

前夜の仕込み

・豚肉は1cm厚さのそぎ切りにする。ポリ袋に豚肉、しょうゆ麹を入れ、空気を抜きながらねじり上げて、袋の上の方を結び、冷蔵室に一晩おく。

当日の準備

・ごはんはバットに広げ、冷ます。

作り方

1 フライパンの全面に油をひき、弱めの中火にかける。野菜＊は切ったものからフライパンにそのつど入れ、場所を分けてそれぞれ焼く（時々返す）。

＊れんこん：薄いいちょう切り、にんじん：4cm長さの細切り、小松菜：4cm長さ。

2 豚肉をポリ袋から取り出して汁気をきり、フライパンに入れて焼く。焼き目がついたら返して焼く。

3 野菜は火が通ったものからバットに取り出し、それぞれに塩少々をふって冷ます。

4 豚肉に火が通ったらバットに取り出して冷ます。

5 弁当箱に❶〜❹の順に詰める。

❶ごはん（のり弁）　❷にんじんと小松菜
⇒20ページ参照　　（ごまをまぶして盛り合わせる）

▼

❸れんこん　❹豚肉

| フライパンで焼く ④ しょうゆ麹 |

鮭のしょうゆ麹づけ焼き弁当

にんじんに卵を合わせて、ボリューム感を出しています。
かぶの葉がないときは小松菜で代用しましょう。

主食　菜飯
副菜2　にんじんの卵とじ
主菜　鮭のしょうゆ麹づけ焼き
副菜1　焼きれんこん

2章 ポリ袋でラクづけ〈フライパンで焼く〉

材料

- **鮭のしょうゆ麹づけ焼き**
  生鮭…1切れ(100g)
  しょうゆ麹(71ページ参照)…大さじ1

- **にんじんの卵とじ**
  卵…1個
  にんじん…1/4本(30g)
  削り節…1袋(1.5g)
  塩…少々

- **焼きれんこん**
  れんこん…3cm(45g)
  塩…少々

- **菜飯**
  温かいごはん…180g
  かぶの葉…1〜2本(10g)
  梅干し…1/2個(7g)

＊油…小さじ1

前夜の仕込み

・鮭は余分な水分をキッチンペーパーでふき取り、3等分に切る。ポリ袋に鮭、しょうゆ麹を入れ、空気を抜きながらねじり上げ、袋の上の方を結び、冷蔵室に一晩おく。

当日の準備

・かぶの葉を小口切りにする。バットにごはん、かぶの葉を入れて混ぜ、広げて冷ます。

作り方

1 アルミホイルを1枚広げ、四隅を折って立ち上げる。鮭を皮目を下にして並べ、ホイルごとフライパンにのせてつけ汁大さじ1を回しかけ、弱火で7〜8分焼く(途中、焼き目がついたら返す)。ホイルごと取り出して冷ます。

2 ボウルに卵を割りほぐし、削り節と塩を加えて混ぜる。

3 フライパンの半面ほどに油をひき、弱めの中火にかける。野菜＊は切ったものからフライパンにそのつど入れ、場所を分けてそれぞれ焼く(時々返す)。
＊れんこん：1cm厚さの輪切り、にんじん：3cm長さの細切り。

4 にんじんに火が通ったら、**2**の卵液を加えて大きく混ぜ、卵に火が通ったらバットに取り出して冷ます。れんこんに火が通ったらバットに取り出し、塩をふって冷ます。

5 弁当箱に❶〜❺の順に詰める。

❶菜飯
❷にんじんの卵とじ
❸れんこん

❹鮭
❺梅干し(種を取る)

| グリルで焼く **❶** しょうゆ味ベース |

ぶりの照り焼き弁当

ぶりは前夜からつけるから、しっかり味が染みた照り焼きに仕上がります。
しめじの混ぜごはんがよく合います。

主食 しめじの混ぜごはん

主菜 ぶりの照り焼き 副菜 にんじんといんげんのおかかあえ

材料

- **ぶりの照り焼き**
  - ぶり…1切れ（100g）
  - A | しょうゆ、酒、砂糖
    | …各小さじ1

- **にんじんといんげんのおかかあえ**
  - にんじん…1/4本（30g）
  - さやいんげん…5本（30g）
  - 削り節…2/3袋（1g）
  - 塩…適量

- **しめじの混ぜごはん**
  - 温かいごはん…180g
  - しめじ…1/2パック（60g）
  - 塩…少々

前夜の仕込み

・ぶりは余分な水分をキッチンペーパーでふき取ってから半分に切る。ポリ袋にぶり、**A**を入れて軽くもみ込み、空気を抜きながらねじり上げ、袋の上の方を結び、冷蔵室に一晩おく。

作り方

1 しめじはほぐし、にんじんは4cm長さの細切りにし、いんげんは4cm長さに切る。

2 アルミホイルを2枚広げ、四隅を折って立ち上げる。1枚にぶりをポリ袋から取り出してのせ、もう1枚に**1**の野菜としめじをのせる。ホイルごとグリルにのせ、ぶりにはつけ汁大さじ1を、野菜には水大さじ1を回しかける。野菜のホイルの口を閉じる。ぶりが焦げないように弱火で10〜15分焼く。途中、ぶりは一度返す。

3 ぶり、野菜、しめじに火が通ったら、ホイルごと取り出す。野菜のホイルの口を開け、野菜としめじにそれぞれ塩少々をふる。ぶりと野菜は冷ます。

4 バットにごはん、しめじを入れて混ぜ、広げて冷ます。

5 弁当箱に❶〜❸の順に詰める。

❶ しめじの混ぜごはん
（向こう側半分に詰める）

❷ にんじんといんげん
（削り節をまぶして盛り合わせる）

❸ ぶり
（汁気をきって詰める）

| グリルで焼く ❷ みそ味ベース |

鶏もも肉の
みそづけ焼き弁当

みそづけの鶏肉の下にシンプルな蒸し野菜を敷くことで、
野菜を肉のうまみで味わえるようにしました。

主食　おかかごはん　　副菜1　焼きピーマン　　副菜2　焼きにんじん

主菜　鶏もも肉のみそづけ焼き

材料

- **鶏もも肉のみそづけ焼き**
  鶏もも肉…約1/2枚(120g)
  玉ねぎ…1/4個(50g)
  A｜みそ…小さじ3
  　｜砂糖…小さじ2
  　｜酒…小さじ1

- **焼きピーマン**
  ピーマン…1個(40g)
  油、塩…各少々

- **焼きにんじん**
  にんじん…1/4本(30g)
  油、塩…各少々

- **おかかごはん**
  温かいごはん…180g
  削り節(花かつお)
  　…1/4カップ(2g)
  しょうゆ…小さじ1/2

前夜の仕込み

・鶏肉は身の厚い部分に包丁を入れて、火の通りをよくする。ポリ袋に鶏肉、**A**を入れて軽くもみ込み、空気を抜きながらねじり上げ、袋の上の方を結び、冷蔵室に一晩おく。

当日の準備

・ごはんはバットに広げ、冷ます。

作り方

1 玉ねぎは繊維に沿って1cm厚さに切り、にんじんは4cm長さの細切り、ピーマンは4cm長さの乱切りにする。

2 アルミホイルを2枚広げ、四隅を折って立ち上げる。1枚に玉ねぎをのせ、鶏肉をポリ袋から取り出して皮目を上にしてのせる(みそだれはぬぐわない)。もう1枚ににんじん、ピーマンをのせる。ホイルごとグリルにのせ、にんじんとピーマンに油を回しかける。鶏肉が焦げないように弱火で10〜15分焼く。途中、鶏肉、野菜は一度返す。

3 鶏肉、野菜に火が通ったらホイルごと取り出し、にんじん、ピーマンにはそれぞれ塩をふって冷ます。鶏肉、玉ねぎも冷ます。

4 弁当箱に❶〜❺の順に詰める。

❶ ごはん(ごはんに削り節をのせ、しょうゆを回しかける)
❷ ピーマン
❸ にんじん
❹ 玉ねぎ
❺ 鶏肉(食べやすく切り、汁気をきる)

ダンノ式じみ弁当の詰め方のルール

おかずがシンプルだから詰め方で工夫します。おいしそうに見える詰め方や、おかずが同じでも印象を変える方法を紹介します。

おいしそうに見える！詰め方のテクニック

詰めるときに、おいしく見えるようにふだんから心がけていることをお伝えします。

のっけ弁

ごはんの上におかずをのせると、ごはんにおかずの味が染みておいしくなります。

濃いめの味つけの主菜をごはんにのせる

豚肉のみそ青椒肉絲風弁当 ⇒72ページ

ごはんの上におかずを並べると豪華な印象に

牛しぐれ煮弁当 ⇒24ページ

主菜をそのままのせて、ドーンと見せる

鮭弁 ⇒48ページ

副菜をごはんの脇に詰めて、主菜を主役に！

豚肉のみそ焼き弁当 ⇒36ページ

2段に詰める

下からおかずが出てくるのも楽しい！　朝、詰めると昼には程よく味がなじみます。

> 主菜の味つけで副菜も
> 食べてほしいときに

鶏肉ときのこのみそあえ弁当
⇒ 44ページ

> 主菜が目立つように
> 詰めると、おいしそう！

鮭のしょうゆ麹づけ焼き弁当
⇒ 78ページ

> 副菜は手前を低く、
> 向こう側を高く盛りつける

1段に詰める

主食、主菜、副菜を区切って入れるだけ。もっともシンプルな詰め方です。

> ごはんを弁当箱の
> 半分に詰めて

ぶりの照り焼き弁当
⇒ 80ページ

ごはんのお供

味つけがシンプルな弁当には、梅干しや浅漬け、ごま、削り節などをのせると見た目にも◎。全体の色みや盛りつけのバランスもととのえられるので、ほかのおかずを全て詰め終わった後に盛りましょう。

梅干し

鶏肉ときのこの
みそあえ弁当
⇒ 44ページ

浅漬け

鶏ハム弁当
⇒ 60ページ

ごま

オクラの肉巻き弁当
⇒ 52ページ

同じおかずでも違う弁当に見える
詰め方のアレンジ

[ビビンパ風そぼろ弁当 ⇒34ページ]

基本
- 副菜1 にんじんのナムル
- 副菜2 ピーマンのナムル
- 主菜2 ゆで卵
- 主菜1 牛ひき肉そぼろ
- 主食 のりの混ぜごはん

アレンジ1 ゆで卵で彩りアップ
ゆで卵をスライスすると、黄色と白の面積が増えて華やか。斜めに配置してシャープな印象に。白ごまはピーマンにまぶして。

アレンジ2 そぼろをごはんに混ぜて
そぼろとにんじん、ごはんを混ぜて。ゆで卵は切って彩りよく。白ごまはそぼろではなく、ピーマンにまぶす。

アレンジ3 混ぜごはんでおにぎりを
ごはんにそぼろを混ぜておにぎりに！おにぎりに副菜がくっつかないように、サラダバーブで仕切りを。

詰め方次第で印象は大きく変わります。
違うお弁当に見せることもできるのです。

[鮭しっとりそぼろの4色弁当 ⇒66ページ]

基本
- 主菜1　鮭のしっとりそぼろ
- 副菜1　小松菜のおかかあえ
- 主食　ごはん
- 主菜2　いり卵
- 副菜2　焼きしめじ

アレンジ　**レイアウトを変えて**
そぼろはレイアウトが自由自在。目立つ黄色い卵の位置を変えると、特に印象を変えられる。

[鶏肉の塩焼きそば弁当 ⇒114ページ]

基本
鶏肉、中華めん、パプリカ、ブロッコリーなど全ての材料が混ざった状態

アレンジ　**ブロッコリーを脇に**
ブロッコリーを脇に盛り、ほかは混ぜて。基本よりも手間がかかった印象に!?

[鮭弁 ⇒48ページ]

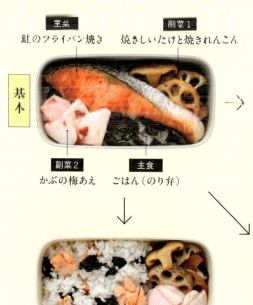

基本

主菜　鮭のフライパン焼き
副菜1　焼きしいたけと焼きれんこん
副菜2　かぶの梅あえ
主食　ごはん（のり弁）

アレンジ1　白ごはんで上品に

のり弁を白いごはんにすると上品な印象に。鮭の皮と骨を除いて食べやすく。

アレンジ2　鮭はほぐしてもいい

鮭をほぐしてごはん、ちぎったのりと混ぜ込むと、見た目だけでなく、食べたときの味わいも変化。

アレンジ3　おにぎりで食べやすく

ごはんで鮭をはさんだおにぎりは、のりを巻いて食べやすく。かぶの汁気はオーブンペーパーで仕切って、おにぎりにくっつかないように。

[豚肉のみそ焼き弁当 ⇒36ページ]

基本

主食　ごはん
主菜　豚肉のみそ焼き
副菜1　小松菜とにんじんのおかかあえ

アレンジ　豪華な2段重ねに！

みそづけ、そぼろなど味が濃く、水分が少ないおかずはごはんの間にはさむと、ごはんにたれが染みておいしい。

3章
スグでき！ごはん・パン・めんの1品弁当

忙しい朝に、主菜、副菜、主食の計3〜4品をイチから作るのは時間がかかるもの。冷蔵庫に食材がない……、寝坊しちゃった……、そんな日は、何品も作らなくていいごはんやパン、めんの1品弁当がおすすめです。おかずを作らなくてもいいので、ささっと作れます。

ごはん・パン・めんの1品弁当はささっと作れる!

ごはんが主役

炊き込みごはんは具だくさんでいい
米だけでなく、具材も一緒に炊いて作る炊き込みごはんは、主菜や副菜も兼ねそなえるので便利。しかも、炊飯中はほかの作業ができるので、朝の時間をムダなく使える。

フライパン1つで作れる炒飯
ごはんと具材を炒めて作る炒飯。残り物の食材で作れるうえ、フライパン1つしか使わないので、洗い物が少なくて済む。

めんが主役

めんは前夜にゆでても
スパゲッティや中華めんは前夜にゆでるのも◎。ゆでたらざるに上げて水気をきって油少々をからめ、冷めたら保存容器に入れて冷蔵室へ。翌朝は、電子レンジで1分ほど加熱してから使う。

忙しい朝にぴったり
ごはんを炊く手間がかからないので、時間がない朝に重宝するめん類。114ページの塩焼きそばは、火を使わずに作れてうれしい。

スグでき1品　3章

うっかりしていて食材があまりない、寝坊して時間がない……、
そんなときの心強い味方はごはん・パン・めんの1品弁当。
おかずを2〜3品作らなくてよいうえ、
パンやめん類であればごはんを炊かなくていいので時短になります。

パンが主役

サンドイッチ用のパンでなくてOK
食パンやイングリッシュマフィンを使うとボリュームが出るうえ、手軽。お弁当を食べる時間が短いときにもおすすめ。

野菜は焼くといい
野菜は生だと水分が出やすいので、焼くといい。焼くと、時間が経っても状態が変わりづらい。

ラップで包むのが◎
できあがったサンドイッチはラップでしっかり包んで落ち着かせる。切るときもラップごと切る。そのまま持って行っても◎。

ボリューム次第でおかずを足して
サンドイッチの具材が肉や魚だけなら副菜を、具材が野菜だけなら主菜を添えて。

生の野菜を使うなら、バターを！
パンにバターやオリーブ油をしっかり塗っておけば、水分がパンに染み込まずに済む。ただし、生野菜を使ったサンドイッチには、保冷剤をお忘れなく。

ごはん ❶

炒飯弁当

肉や魚のストックがないときのお助け弁当。
ハムのかわりにちくわ、かに風味かまぼこ、チャーシューでも。
残り物のごはんで作る場合は温めてから使います。

スグでき1品〈ごはん〉 3章

材料

温かいごはん…180g
卵…1個
ハム（もも切り落とし）…40g
にんじん…1/4本（30g）
さやいんげん…5本（30g）
長ねぎ…1/4本（30g）
A｜しょうゆ、みりん…各小さじ1
塩、こしょう…各少々
油…小さじ1

作り方

1 フライパンの全面に油をひき、弱めの中火にかける。切ったもの*からフライパンにそのつど入れ、場所を分けてそれぞれ焼く。いんげんと長ねぎは時々返し、にんじんとハムは炒め合わせる。

*にんじん：粗いみじん切り、いんげん：2cm長さ、長ねぎ：縦4等分に切ってから5mm幅、ハム：粗いみじん切り。

2 ボウルに卵を割りほぐす。**1**は火が通ったものからフライパンの端に寄せ、中火にして溶き卵を流し入れる。上にごはんをのせて、ゴムべらでごはんをほぐすようにして溶き卵と炒める。

3 ごはんがパラパラになってきたら具材全てを炒め合わせ、**A**を加え、塩、こしょうで味をととのえる。バットに取り出して冷ます。

4 弁当箱に詰める。

| ごはん ❷ |

炊き込み
チキンライス弁当

シンガポールチキンライスをアレンジ。鶏肉に塩をまぶしてから、炊き込みます。
野菜は大きめに切って食感を楽しみましょう。

材料 （作りやすい分量・2人分）

● **チキンライス**

米…1合(150g)
鶏むね肉…1枚(250g)
にんじん…1/2本(60g)
エリンギ…2本(80g)
ブロッコリー…大6房(60g)
長ねぎの青い部分
　…15cm×2本(10g)
しょうが(薄切り)…2～3枚
塩…適量

作り方

1 米は洗い、炊飯器の内釜に入れる。

2 エリンギは縦4等分に切って半分の長さに切り、**1**に加える。1合の目盛りまで水を加える。

3 にんじんは2cm角×4cm長さに切り、**2**に加える。

4 鶏肉を縦半分に切ってから1cm厚さのそぎ切りにして塩小さじ1をまぶし、肉が重ならないように**3**にのせる。長ねぎ、しょうがをのせてふつうに炊く。

5 ブロッコリーは食べやすく切る。**4**が炊けたら長ねぎ、しょうがを除き、ブロッコリーを加え、ふたをして5分おく。ブロッコリーをバットに取り出し、塩ふたつまみをふって冷ます。チキンライスなどをバットに取り出して広げ冷ます。

6 弁当箱に❶～❸の順に半量ずつ詰める。

❶ごはん
❷にんじんとエリンギ、ブロッコリー（盛り合わせる）
❸鶏肉

| ごはん ❸ |

チーズオムライス弁当

鶏肉はシチュー用の大きめのものを使い、卵は厚めに焼くことで食べたときに満足感があります。チーズは好みのものを使って。

主菜1 オムレツ
主菜2 / 副菜1 / 主食 チキンライス
副菜2 焼きブロッコリー

スグでき1品〈ごはん〉 3章

材料

- **オムレツ**
  卵…1個
  A | 牛乳…大さじ1
  　　 | 片栗粉…小さじ1/2
  　　 | 塩…少々
  バター(または油)
  　…小さじ1強(5g)

- **チキンライス**
  温かいごはん…180g
  鶏もも肉(シチュー用)…120g
  玉ねぎ…1/4個(50g)
  にんじん…1/4本(30g)
  スライスチーズ…1枚(16g)
  B | トマトケチャップ
  　　 | 　…大さじ1
  　　 | しょうゆ、みりん
  　　 | 　…各小さじ1
  塩、こしょう…各少々
  油…小さじ1

- **焼きブロッコリー**
  ブロッコリー…大3房(30g)
  塩…少々

作り方

1 ボウルに卵を割りほぐし、**A**を加えて混ぜる。フライパンを熱してバターを入れ、溶けたら卵液を一気に入れ、ゴムべらで大きく混ぜる。弱火にし、固まりきらないうちに半分に折り、火が通るまで焼き、バットに取り出して冷ます。

2 同じフライパンに油を足し、弱めの中火にかける。鶏肉に塩、こしょうをふり、皮目を下にしてフライパンに入れて焼く。

3 野菜*は切ったものからフライパンにそのつど入れ、場所を分けてそれぞれ焼く(時々返す)。
＊ブロッコリー：食べやすく切る、にんじん・玉ねぎ：1cm角。

4 ブロッコリーは火が通ったらバットに取り出し、塩をふって冷ます。ほかの野菜はフライパンの端に寄せておく。鶏肉に火が通ったら**B**を加え、水気をとばしながら炒める。ごはんを加えて全てを炒め合わせ、バットに取り出して広げ、冷ます。

5 弁当箱に❶〜❹の順に詰める。

❶チキンライス　❷スライスチーズ
❸オムレツ　❹ブロッコリー

| ごはん ❹ |

牛肉のキンパ弁当

お弁当を食べる時間があまりないときには、のり巻きがおすすめ。
キンパは肉や野菜も一緒に巻き込めるので、栄養バランスもいい。

主菜1 副菜 主食 牛肉のキンパ

主菜2 卵焼き

材料

● **牛肉のキンパ**
  温かいごはん…180g
  牛カルビ肉(焼き肉用)…60g
  焼き肉のたれ…小さじ1
  ※自家製焼き肉のたれの作り方は56ページ参照。
  にんじん…1/4本(30g)
  さやいんげん…5本(30g)
  ごま油…小さじ1
  塩…適量
  焼きのり(全形)…1枚

● **卵焼き**
  卵…1個
  A │ 水…小さじ2
    │ 砂糖…小さじ1/2
    │ しょうゆ…少々
    │ 削り節…2/3袋(1g)
  油…小さじ1/2

作り方

1 卵はボウルに割りほぐし、**A**を加えて混ぜる。卵焼き器に油を熱し、卵液を流し入れ、菜箸で混ぜる。卵が固まりきらないうちに巻く。形をととのえ、弱火で中まで火を通し、バットに取り出して冷ます。

2 **1**の卵焼き器にごま油小さじ1/2を加え、弱めの中火にかける。野菜*は切ったものから卵焼き器にそのつど入れ、場所を分けてそれぞれ焼く。火が通ったらバットに取り出し、それぞれに塩少々をふり、冷ます。

*にんじん:4cm長さのせん切り、いんげん:4cm長さ。

3 牛肉は細切りにして**2**の卵焼き器に入れて焼く。焼き目がついたら、焼き肉のたれをかけてからめ、水気をとばしながら炒める。火が通ったらバットに取り出し、冷ます。

4 まな板の上にラップを敷き、のりを縦におく。手前2cm、奥5cmをあけて、ごはんを均一な厚みに広げ、全体にごま油小さじ1/2を回しかけ、塩少々をふる。

5 ごはんの手前3cmほどをあけて、にんじんといんげんを並べ、上に牛肉をのせる(**a**)。ラップの手前を持ち上げて巻いて芯を作り、それを転がすようにしてきつく巻く(横から見るとのりが「の」の字になるように巻く)。ラップで包み、10分以上おく。

6 キンパ、卵焼きはそれぞれ食べやすく切り、弁当箱に詰める。

※卵焼きの作り方は122ページも参照。

| 食パンのサンドイッチ ❶ |

2種類のサンドイッチ
（ハムとチーズ、きゅうり）

副菜を添えるときは、パンではさむ具は限りなくシンプルに。
手を加えない分、いつもよりちょっとだけおいしいハムとチーズを使います。

主菜 | 主食1　ハムとチーズのサンドイッチ

副菜1 | 主食2　きゅうりのサンドイッチ

副菜2　かぼちゃサラダ

スグでき1品〈パン〉 **3章**

材料

● **ハムとチーズのサンドイッチ**
食パン（12枚切り）…2枚
ハム（もも切り落とし）…30g
スライスチーズ（厚切り）
　…1枚（20g）
バター…小さじ1強（5g）

● **きゅうりのサンドイッチ**
食パン（12枚切り）…2枚
きゅうり…小2/3本（60g）
バター…小さじ1強（5g）

● **かぼちゃサラダ**
かぼちゃ…約1/16個（60g）
A | 玉ねぎ（みじん切り）
　　　　…大さじ1
　　　マヨネーズ…大さじ1
塩、こしょう…各少々

準備

・パンの片面にバターを塗る。かた
　くて塗りづらいときは電子レンジ
　で10秒ずつ加熱してやわらかく
　する。

作り方

1 **ハムとチーズのサンドイッチ**
まな板にラップを広げて食パンを1枚お
き、ハム、チーズをのせてもう1枚のパン
ではさむ。ラップで包み、冷蔵室に入れる。

2 **きゅうりのサンドイッチ**
きゅうりは縦に薄切りにする。まな板に
ラップを広げて食パンを1枚おき、きゅう
りを敷き詰めるようにずらしてのせ、もう
1枚のパンではさむ。ラップで包み、**1**の
ハムとチーズのサンドイッチをのせる。上
に軽く重しをのせ、落ち着くまで10分ほ
ど冷蔵室に入れる。

3 **かぼちゃサラダ**
かぼちゃは皮を取り除き、2〜3等分にし
て耐熱容器に入れ、ラップをふんわりと
かけて電子レンジで2〜3分、指で押し
てつぶれるていどまで加熱する。スプー
ンの背などでざっくりとつぶし、**A**を加え
て混ぜ、塩、こしょうで味をととのえて冷
ます。

4 **詰める**
サンドイッチは好みでパンの耳を切り落
とし、弁当箱の大きさに合わせて切る。弁
当箱にサンドイッチ2種を交互に詰め、あ
いたところにオーブンペーパーを敷いて
かぼちゃサラダを詰める。

| 食パンのサンドイッチ ❷ |

2種類のサンドイッチ
（ツナ、卵）

ツナとクリームチーズは混ぜずに、はさむだけで簡単。卵も最小限の味つけに。
あればタイムやアンチョビーなどを加えると大人向けの味わいに。

副菜　にんじんときゅうりのオイルマリネ

主菜1　主食1　ツナのサンドイッチ

主菜2　主食2　卵のサンドイッチ

スグでき1品〈パン〉 3章

材料

● **ツナのサンドイッチ**
食パン（10枚切り）…2枚
ツナ缶（油漬け）…1缶（70g）
クリームチーズ…30g

● **卵のサンドイッチ**
食パン（10枚切り）…2枚
ゆで卵…1個
A マヨネーズ…大さじ1
玉ねぎ（みじん切り）
…大さじ1
塩、こしょう…各少々

● **にんじんときゅうりの
オイルマリネ**
にんじん…1/3本（40g）
きゅうり…小1/3本（30g）
オリーブ油…小さじ1
塩…少々

準備

・クリームチーズは室温にもどす。

作り方

1 **ツナのサンドイッチ**
まな板にラップを広げて食パン1枚をおき、片面にクリームチーズを塗る。ツナの油をきって均一にのせ、もう1枚の食パンではさむ。ラップで包み、冷蔵室に入れる。

2 **卵のサンドイッチ**
ボウルに殻をむいたゆで卵と**A**を入れ、しゃもじでゆで卵をつぶしながら混ぜ、塩、こしょうで味をととのえる。

3 まな板にラップを広げて食パン1枚をおき、**2**をのせて均一に広げ、もう1枚のパンではさむ。ラップで包み、**1**のツナのサンドイッチを重ねる。上に軽く重しをのせ、落ち着くまで10分ほど冷蔵室に入れる。

4 **にんじんときゅうりのオイルマリネ**
にんじんは4cm長さのせん切り、きゅうりは1cm厚さの斜め切りにし、ともにボウルに入れ、オリーブ油であえて塩をふる。

5 **詰める**
サンドイッチは弁当箱の大きさに合わせて切る。弁当箱にサンドイッチ2種を交互に詰め、にんじんときゅうりのオイルマリネは別の容器に詰める。

※ゆで卵の作り方は123ページ参照。

| 食パンのサンドイッチ ❸ |

塩鶏と卵、ポテトのサンドイッチ

副菜を添えないときは具を多めに。食パンをトーストしたり、じゃがいもを合わせたりすると、ボリューム感がアップします。

スグでき1品〈パン〉 3章

材料

食パン（6枚切り）… 2枚
鶏ささみ… 2本（100g）
ゆで卵… 1個
じゃがいも… 小1個（100g）
ブロッコリー… 大3房（30g）
塩… 適量
A | マヨネーズ … 大さじ1
　　| マスタード … 小さじ1
こしょう… 少々
バター… 小さじ1強（5g）

前夜の仕込み

・鶏ささみは塩小さじ1/2をまぶしてポリ袋*に入れ、空気を抜きながらねじり上げ、袋の上の方を結び、冷蔵室に一晩おく。
*高密度ポリエチレン製のポリ袋を使用。

作り方

1 パンはオーブントースターで1分ほど焼き、バットに取り出す。

2 鍋に湯500mlを沸かし、ポリ袋ごと鶏ささみを入れる。再び沸騰したら弱火で8分加熱する。ポリ袋ごと鶏肉を取り出し、流水にあてて冷ます（時間の目安は10〜12分。夏場は保冷剤や氷なども利用するとよい）。

3 じゃがいもは皮つきのままラップで包み、電子レンジで3分加熱する。途中2分経ったら上下を返す。皮をむいて1cm厚さに切って冷ます。

4 ブロッコリーは食べやすく切って耐熱容器に入れ、水大さじ1/2を回しかける。ラップをふんわりとかけて電子レンジで40秒〜1分加熱して取り出し、塩少々をふって冷ます。ゆで卵は殻をむき、縦4等分に切る。

5 ラップを広げ、**1**のパンを1枚おいて片面に**A**を順に塗り、じゃがいもをのせて塩少々、こしょうをふる。ゆで卵、ブロッコリー、**2**の順にのせる。もう1枚のパンの片面にバターを塗って具材をはさみ、ラップで包んで軽く重しをのせる。落ち着くまで10分ほど冷蔵室に入れる。ラップをつけたまま半分に切り、ラップで包む。

※ゆで卵の作り方は123ページ参照。

| イングリッシュマフィンのサンドイッチ ① |

ささみといんげんの
マフィンサンドイッチ

ささみはイングリッシュマフィンにはさむのにちょうどよい大きさ。
チーズと一緒に焼くことで、しっとりと仕上がります。

3章 スグでき1品〈パン〉

材料 1個分

イングリッシュマフィン
　…1個(70g)
鶏ささみ…1本(50g)
スライスチーズ
　(とろけるタイプ)
　…1枚(16g)
さやいんげん
　…5本(30g)
油…小さじ1/2
塩、こしょう…各少々

作り方

1 イングリッシュマフィンは半分に割り、オーブントースターで1分ほど焼き、バットに取り出す。

2 フライパンの半面ほどに油をひき、火にかける。いんげんを4cm長さに切って入れ、あいているところにチーズを入れて焼く。

3 鶏ささみは縦半分に切り込みを入れて筋を取り、厚みが均一になるように開く。まるく形をととのえて塩、こしょうをふり、チーズにのせる。

4 チーズがとろけてきたら、チーズごと鶏肉を返す。いんげんに火が通ったら取り出して、マフィン1枚にのせる。鶏肉はふたをして2〜3分焼く。鶏肉に火が通ったらいんげんにのせて冷ます。もう1枚のマフィンではさみ、ラップでしっかり包む。

| イングリッシュマフィンのサンドイッチ ❷ |

ツナマヨとアボカドのマフィンサンドイッチ

アボカドでボリュームアップ！ なめらかな口あたりがクセに。

材料　1個分

イングリッシュマフィン
　…1個(70g)
ツナ缶(油漬け)…1缶(70g)
アボカド(熟れたもの)
　…小縦1/2個(45g)
玉ねぎ…小1/16個(10g)
A｜マヨネーズ…大さじ1
　｜塩、こしょう…各少々
塩、こしょう…各少々

作り方

1. イングリッシュマフィンは半分に割り、オーブントースターで1分ほど焼き、バットに取り出す。
2. ボウルに油をきったツナ、Aを入れて混ぜる。玉ねぎは薄切りにする。
3. マフィン1枚に2のツナ、玉ねぎ、アボカドを順に重ね、塩、こしょうをふる。もう1枚のマフィンでアボカドをギュッとつぶすようにはさみ、ラップでしっかり包む。

スグでき1品〈パン〉 3章

| イングリッシュマフィンのサンドイッチ ❸ |

スパム&エッグのマフィンサンドイッチ

ランチョンミート、卵、ブロッコリーで栄養満点！

材料　1個分

イングリッシュマフィン
　…1個(70g)
卵…1個
ポークランチョンミート
　…1cm厚さ(40g)
ブロッコリー
　…大3房(30g)
油…小さじ1/2

作り方

1. イングリッシュマフィンは半分に割り、オーブントースターで1分ほど焼き、バットに取り出す。ブロッコリーは食べやすく切る。

2. フライパンの半面ほどに油をひき、弱めの中火にかける。卵を割り入れる。ブロッコリー、ランチョンミートを入れ、場所を分けてそれぞれ焼く（ブロッコリーとランチョンミートは時々返す）。ブロッコリーが焼けたら取り出し、マフィン1枚にのせる。ランチョンミートはフライパンの端に寄せ、ふたをして1分ほど、卵黄に火がしっかり通るまで焼く。

3. ブロッコリーの上に卵、ランチョンミートを順にのせて冷ます。もう1枚のマフィンではさみ、ラップでしっかり包む。

| イングリッシュマフィンのサンドイッチ ❹ |

にんじんオムレツのマフィンサンドイッチ

好みでケチャップやマスタードを合わせても。

材料　1個分

イングリッシュマフィン
　…1個（70g）
ウインナソーセージ
　…2本（40g）
にんじん…1/4本（30g）
A｜溶き卵…1個分
　｜塩、こしょう
　｜　…各ひとつまみ
油…小さじ1/2

作り方

1 イングリッシュマフィンは半分に割り、オーブントースターで1分ほど焼き、バットに取り出す。

2 フライパンの全面に油をひき、弱めの中火にかける。切ったもの*からそのつど入れ、場所を分けてそれぞれ焼く（時々返す）。

＊にんじん：4cm長さのせん切り、ソーセージ：縦半分に切る。

3 にんじんがしんなりとしてきたら、ボウルにAを入れて混ぜる。にんじんの上に卵液を流し入れ、大きく混ぜながらマフィンと同じくらいの大きさにし、火が通るまで焼く。ソーセージに焼き目がついたらフライパンの端に寄せる。

4 マフィン1枚に3をのせて冷ます。もう1枚のマフィンではさみ、ラップでしっかり包む。

| イングリッシュマフィンのサンドイッチ ❺

コロッケ風マフィンサンドイッチ

そぼろとじゃがいも、ソースが口の中で合わさると、まるでコロッケ！

材料　1個分

イングリッシュマフィン
　…1個（70g）
じゃがいも…小1個（100g）
豚ひき肉…50g
玉ねぎ（みじん切り）
　…1/8個分（25g）
中濃ソース…小さじ2
A｜酒、みりん…各小さじ1
　｜しょうゆ…小さじ1/2
　｜おろししょうが…少々

※そぼろの作り方は
　120ページも参照。

作り方

1 イングリッシュマフィンは半分に割り、オーブントースターで1分ほど焼き、バットに取り出して断面にソースを塗る。

2 じゃがいもは皮つきのままラップで包み、電子レンジで3分加熱する。途中2分で上下を返す。皮をむき、半分に割ってマフィン1枚にのせる。

3 フライパンにひき肉と玉ねぎ、**A**を入れ、よく混ぜてから火にかける。時々ゴムべらでほぐしながら炒める。水分がなくなり、脂が透明になるまで炒めたら、キッチンペーパーで脂をふき取る。**2**のじゃがいもの上にのせて冷ます。もう1枚のマフィンではさみ、ラップでしっかり包む。

| めん ❶ |

オムナポリタン弁当

人気のナポリタンにオムレツを合わせます。ベーコンはソーセージ、ハムにかえても。
パスタを1.8mmにすると、食べ応えが出ます。

主菜2 チーズオムレツ

主菜1 主食 ナポリタン

副菜 焼きいんげん

材料

● **ナポリタン**
スパゲッティ（直径1.6㎜）…80g
ベーコン…2枚（40g）
玉ねぎ…1/4個（50g）
ピーマン…1個（40g）
塩、こしょう…各少々
A｜カットトマト缶
　　…1/3缶（130g）
　｜トマトケチャップ…大さじ2
　｜しょうゆ、みりん
　　…各大さじ1/2
　｜おろしにんにく…ごく少々

● **チーズオムレツ**
卵…1個
B｜牛乳、パルメザンチーズ
　　…各小さじ2
　｜こしょう…少々

● **焼きいんげん**
さやいんげん…5本（30g）
塩…少々

＊油…小さじ1

作り方

1 スパゲッティは袋の表示時間どおりにゆでて、ざるに上げて水気をきる。

2 ボウルに卵を割りほぐし、**B**を加えて混ぜる。フライパンに油小さじ1/2を熱し、卵液を一気に入れる。ゴムべらで大きく混ぜてから弱火にする。固まりきらないうちに、フライパンの端に寄せながらオムレツの形にして、火がしっかり通るまで焼き、バットに取り出して冷ます。

3 フライパンに油小さじ1/2を加え、弱めの中火にかける。切ったもの＊からフライパンにそのつど入れ、場所を分けてそれぞれ焼く（時々返す）。

＊ベーコン：1.5cm幅、いんげん：長さを半分にする、玉ねぎ：5㎜厚さ、ピーマン：細切り。

4 いんげんが焼けたらバットに取り出し、塩をふって冷ます。フライパンに**A**を加えて軽く煮詰めたら、スパゲッティを加えて炒め合わせ、塩、こしょうで味をととのえる。バットに取り出して広げ、冷ます。

5 弁当箱に❶～❸の順に詰める。

❶ ナポリタン
❷ チーズオムレツ
❸ いんげん

| めん❷ |

鶏肉の塩焼きそば弁当

全て電子レンジ加熱で作れるので、火を使いたくない朝に。
弁当箱に入れたときに水っぽくならないよう、ラップは最後の加熱だけに使います。

スグでき1品〈めん〉 **3章**

材料

中華蒸しめん … 1玉（150g）
※電子レンジ加熱が可能なタイプを使用。
鶏もも肉 … 約1/2枚（120g）
パプリカ（赤）… 1/4個（40g）
ブロッコリー … 大3房（30g）
しょうが（薄切り）… 2枚
ごま油 … 小さじ1
塩 … ふたつまみ

作り方

1 切ったもの*から耐熱ボウルに入れ、ごま油、塩を加えて軽く混ぜる。
＊パプリカ：細切り、しょうが：せん切り、鶏肉：1cm厚さ。

2 中華めんは袋の表示どおりに電子レンジで加熱する。めんをほぐして**1**にのせ、ラップをかけずに電子レンジで2分加熱する。

3 ブロッコリーは食べやすく切り、**2**にのせる。ラップをふんわりとかけて電子レンジで1分加熱し、全ての食材に熱が通ったのを確認しながら混ぜる。好みで塩少々を加える。バットに取り出して広げ、冷まます。

4 弁当箱に詰める。

めん 3

みそぼろの焼きうどん弁当

れんこんの角切りが味、食感のアクセント。
めんとそぼろはしっかり混ぜても、少しずつ合わせて食べても◎。

副菜 きゅうりのしょうゆ漬け　**主食** 焼きうどん　**主菜** れんこんのみそぼろ

材料

● **れんこんのみそそぼろ**
豚ひき肉…100g
れんこん…2cm(30g)
A｜みそ…小さじ3
　｜砂糖…小さじ2
　｜酒…小さじ1
　｜おろししょうが…小さじ1

● **焼きうどん**
冷凍うどん…1玉(200g)
玉ねぎ…1/4個(50g)
にんじん…1/4本(30g)
塩、こしょう…各少々

● **きゅうりのしょうゆ漬け**
きゅうり…1/5本(20g)
B｜みりん、しょうゆ
　｜　…各小さじ1/2
白いりごま…少々

＊油…小さじ1

作り方

1 冷凍うどんは袋の表示時間どおりに電子レンジで加熱して解凍する。

2 きゅうりは縦半分に切って5mm厚さの斜め切りにし、Bを加えて混ぜ、10分ほど漬ける。

3 フライパンの全面に油をひき、弱めの中火にかける。野菜＊は切ったものからフライパンにそのつど入れ、場所を分けてそれぞれ焼く(時々返す)。

＊玉ねぎ：1cm厚さのくし形切り、にんじん：4cm長さの細切り、れんこん：1cm角。

4 3の野菜に火が通ったら、れんこんを端に寄せる。うどんを加えてにんじん、玉ねぎと炒め合わせ、塩、こしょうで味をととのえてバットに取り出し、冷ます。

5 同じフライパンにひき肉、Aを入れ、よく混ぜてから火にかける。時々ゴムべらでほぐしながら炒める。水分がなくなり、脂が透明になるまで炒めたら、キッチンペーパーで油をふき取り、れんこんと混ぜてバットに取り出し、冷ます。

6 弁当箱に❶〜❹の順で詰める。

❸きゅうり　❷そぼろ　❹ごま　❶焼きうどん(全面に詰める)

※そぼろの作り方は120ページも参照。

| めん ❹ |

担々めん弁当

少し食材が増えますが、担々めんはリクエストされる弁当の1つです。
ザーサイのみじん切りや粉山椒少々を加えてもおいしい。

主食 ゆでめん

副菜2 ゆでもやし

副菜1 ゆでチンゲンサイ

主菜 担々そぼろ

スグでき1品〈めん〉　3章

材料

- **担々そぼろ**

    豚ひき肉…100g
    長ねぎ…1/4本(30g)
    しょうが(薄切り)…2枚

    A | みそ…小さじ2
      | 酒、砂糖…各小さじ1
      | ※砂糖の量はみその甘さにより加減。
      | 白ねりごま…小さじ1
      | 豆板醤…小さじ1/2

- **ゆでチンゲンサイ**

    チンゲンサイ…1/2株(50g)
    ごま油…小さじ1/4
    塩…少々

- **ゆでもやし**

    もやし…1/10袋(30g)
    ごま油…小さじ1/4
    塩、白いりごま…各少々

- **ゆでめん**

    中華生めん(中太)…1玉(120g)
    にんじん…1/4本(30g)
    ごま油…小さじ1/2

作り方

1 チンゲンサイは葉は4cm長さに、軸は縦4等分に切る。にんじんは1cm幅×5cm長さの短冊切り、長ねぎとしょうがは粗いみじん切りにする。

2 フライパンに湯を沸かし、チンゲンサイ、もやしの順にそれぞれサッとゆでて湯をきり、バットに取り出して冷ます。

3 2のフライパンににんじん、中華めんを入れて袋の表示時間どおりにゆでる。ざるに上げて水気をきり、ごま油をからめて冷ます。

4 フライパンの水気をふきとり、ひき肉、1の長ねぎ、しょうが、Aを入れ、よく混ぜてから火にかける。時々ゴムべらでほぐしながら炒める。水分がなくなり、脂が透明になるまで炒めたら、キッチンペーパーで脂をふき取り、バットに取り出し、冷ます。

5 弁当箱に❶～❹の順で詰める。

❶ゆでめん

❸もやし
(ごま油をからめ、塩をふって詰め、ごまをふる)

❹そぼろ　❷チンゲンサイ
(ごま油をからめ、塩をふる)

※そぼろの作り方は120ページも参照。

弁当のお役立ちレシピ

弁当のおかずの定番であるそぼろ、つくね、卵焼き、ゆで卵の作り方をプロセス写真入りで丁寧に説明します。

そぼろ

脂が透明になったらできあがり。冷めると固まりやすい脂は取り除くのがコツ！ 鶏ひき肉で作ると、さっぱりと。

材料 1人分

豚ひき肉…120g
A | 酒、みりん…各小さじ2
　 | しょうゆ…小さじ1

作り方

1

フライパンに全ての材料を入れ、よく混ぜる。

2

火をつけて焼く。底の肉が固まってきたら、ゴムべらで混ぜる。

3

ゴムべらで切るようにしてほぐしながら炒める。

4

炒めていると水分や脂が出てくるので、水分がなくなり、脂が透明になるまで炒める。

5

余分な脂をキッチンペーパーでふき取る。

弁当のお役立ちレシピ

つくね

材料をしっかり混ぜることで脂身がなじんで冷めてもおいしく食べられる。

| 材料 | 1人分 |

鶏ももひき肉…120g
長ねぎ（粗いみじん切り）…30g
酒…大さじ1
みそ、片栗粉…各小さじ1
しょうゆ、砂糖…各小さじ1/2
おろししょうが…少々
油…少々

| 作り方 |

1

ボウルに油以外の材料を入れ、ゴムべらでなめらかになるまでしっかりと混ぜる。

2

スプーンですくえるほどのかたさになるよう、水適量を加えて調整する。

3

しっかり混ぜて、4等分にする。

4

フライパンに油をひき、弱めの中火にかける。**3**をスプーンですくって落とし、まるくととのえる。

5

焼き目がついたら返し、ふたをして弱火で4〜5分焼く。肉に火が通ったら、余分な油をキッチンペーパーでふき取る。

卵焼き

卵を巻くときは、はじめは菜箸、
途中からゴムべらを使うと巻きやすい。

| 材料 | 1人分 |

卵…1個
A 水…小さじ2
　　砂糖…小さじ1/2
　　しょうゆ…少々
　　削り節…2/3袋（1g）
油…小さじ1/2

| 作り方 |

1

卵はボウルに割りほぐし、**A**を加えて均一になるまでよく混ぜる。

2

卵焼き器に油を熱し、卵液を一度に流し入れる。

3

ざっと全体を混ぜる。

4

卵が固まりきらないうちに向こう側から手前に巻く。

5

卵焼き器の手前の縁とゴムべらを利用して形をととのえる。弱火にして中まで火を通す。

弁当のお役立ちレシピ

ゆで卵

切って盛ると、彩りアップ！
すき間に入れても◎。
殻つきのまま、冷蔵で3〜4日は保存可能！

| 材料 | 3個分 |

卵…3個

| 作り方 |

1

湯を沸かし、冷蔵庫から出したての卵をお玉にのせて入れる。

2

黄身を中心にしたいときは、はじめの1分ほど菜箸で卵を転がす。

3

10分ゆでたら、お玉にのせて取り出して冷水で冷ます。

甘辛味でごはんが進む！

味つき卵

| 材料 | 1個分 |

ゆで卵…1個
A │ しょうゆ…小さじ1
  │ みりん…小さじ1/2

| 作り方 |

1

ポリ袋に殻をむいたゆで卵、**A**を入れて空気を抜きながらねじり上げ、袋の上の方を結び、冷蔵室に一晩おく。

> ポリ袋に入れたまま開けずに、冷蔵で2〜3日間保存可能。ポリ袋には1個ずつ入れる。

123

食材別インデックス（50音順）

使いたい食材、今ある食材から作れる弁当が検索できます。

※1章はフライパン1つで作る弁当、2章は主菜を前夜にポリ袋でつける弁当、
　3章はスグできる、ごはん・パン・めんの1品弁当です。

肉・肉加工品

牛肉

● 牛カルビ肉
牛肉のキンパ弁当〈3章〉⋯⋯⋯⋯⋯⋯ 98

● 牛切り落とし肉
牛しぐれ煮弁当〈1章〉⋯⋯⋯⋯⋯⋯ 24

豚肉

● 豚こま切れ肉
豚こま肉の
　ケチャップしょうゆ焼き弁当〈1章〉⋯ 26
豚こま肉のしょうが焼き弁当〈1章〉⋯ 30
豚こま肉の梅肉炒め弁当〈1章〉⋯⋯ 54

● 豚ヒレ肉
豚ヒレのしょうゆ麹づけ焼き弁当〈2章〉
⋯⋯⋯⋯⋯⋯⋯⋯⋯⋯⋯⋯⋯⋯ 76

● 豚もも肉
豚肉のみそ焼き弁当〈1章〉⋯⋯⋯⋯ 36
オクラの肉巻き弁当〈1章〉⋯⋯⋯⋯ 52
豚もも肉の煮豚風弁当〈2章〉⋯⋯⋯ 70
豚肉のみそ青椒肉絲風弁当〈2章〉⋯ 72

● 豚ロース肉
豚肉のみそしょうが焼き弁当〈1章〉⋯ 38

鶏肉

● 鶏ささみ
塩鶏と卵、ポテトのサンドイッチ〈3章〉⋯ 104
ささみといんげんの
　マフィンサンドイッチ〈3章〉⋯⋯⋯ 106

● 鶏手羽元
鶏手羽元のしょうゆ煮弁当〈2章〉⋯ 68

● 鶏むね肉
鶏むね肉のピカタ弁当〈1章〉⋯⋯⋯ 50
鶏ハム弁当〈2章〉⋯⋯⋯⋯⋯⋯⋯ 60
炊き込みチキンライス弁当〈3章〉⋯ 94

● 鶏もも肉
鶏もも肉の照り焼き弁当〈1章〉⋯⋯ 14
鶏肉ときのこのみそあえ弁当〈1章〉⋯ 44
鶏もも肉の塩焼き弁当〈1章〉⋯⋯⋯ 46
鶏もも肉のみそ風味蒸し弁当〈2章〉⋯ 64
鶏もも肉のみそづけ焼き弁当〈2章〉⋯ 82
チーズオムライス弁当〈3章〉⋯⋯⋯ 96
鶏肉の塩焼きそば弁当〈3章〉⋯⋯⋯ 114

ひき肉

● 牛ひき肉
ビビンバ風そぼろ弁当〈1章〉⋯⋯⋯ 34

● 鶏ひき肉
鶏つくねの油揚げはさみ焼き弁当〈1章〉
⋯⋯⋯⋯⋯⋯⋯⋯⋯⋯⋯⋯⋯⋯ 32

● 豚ひき肉
にんじんつくね弁当〈1章〉⋯⋯⋯⋯ 40
コロッケ風マフィンサンドイッチ〈3章〉
⋯⋯⋯⋯⋯⋯⋯⋯⋯⋯⋯⋯⋯⋯ 111
みそそぼろの焼きうどん弁当〈3章〉⋯ 116
担々めん弁当〈3章〉⋯⋯⋯⋯⋯⋯ 118

肉加工品

● ウインナソーセージ
にんじんオムレツの
　マフィンサンドイッチ〈3章〉……… **110**

● ハム
炒飯弁当〈3章〉……… **92**
2種類のサンドイッチ
　（ハムとチーズ、きゅうり）〈3章〉……… **100**

● ベーコン
かじきのカレーじょうゆ焼き弁当〈1章〉
　……… **28**
オクラの肉巻き弁当〈1章〉……… **52**
オムナポリタン弁当〈3章〉……… **112**

● ポークランチョンミート
スパム＆エッグの
　マフィンサンドイッチ〈3章〉……… **109**

魚・魚加工品

● かじき
かじきのカレーじょうゆ焼き弁当〈1章〉… **28**

● 鮭
鮭弁〈1章〉……… **48**
鮭しっとりそぼろの4色弁当〈2章〉……… **66**
鮭のしょうゆ麹づけ焼き弁当〈2章〉……… **78**

● さば
さばの竜田揚げ焼き弁当〈2章〉……… **74**

● さわら
さわらのヤンニョム風弁当〈1章〉……… **42**

● ぶり
ぶりの照り焼き弁当〈2章〉……… **80**

魚加工品

● ツナ缶
2種類のサンドイッチ（ツナ、卵）〈3章〉… **102**
ツナマヨとアボカドの
　マフィンサンドイッチ〈3章〉……… **108**

大豆加工品

● 油揚げ
鶏つくねの油揚げはさみ焼き弁当〈1章〉
　……… **32**

卵

さわらのヤンニョム風弁当〈1章〉……… **42**
鶏むね肉のピカタ弁当〈1章〉……… **50**
鮭しっとりそぼろの4色弁当〈2章〉……… **66**
鮭のしょうゆ麹づけ焼き弁当〈2章〉……… **78**
炒飯弁当〈3章〉……… **92**
チーズオムライス弁当〈3章〉……… **96**
牛肉のキンパ弁当〈3章〉……… **98**
スパム＆エッグの
　マフィンサンドイッチ〈3章〉……… **109**
にんじんオムレツの
　マフィンサンドイッチ〈3章〉……… **110**
オムナポリタン弁当〈3章〉……… **112**

ゆで卵
牛しぐれ煮弁当〈1章〉……… **24**
ビビンパ風そぼろ弁当〈1章〉……… **34**
鶏手羽元のしょうゆ煮弁当〈2章〉……… **68**
豚もも肉の煮豚風弁当〈2章〉……… **70**
2種類のサンドイッチ（ツナ、卵）〈3章〉… **102**
塩鶏と卵、ポテトのサンドイッチ〈3章〉… **104**

野菜・野菜加工品

● アボカド
ツナマヨとアボカドの
　マフィンサンドイッチ〈3章〉……… **108**

● オクラ
オクラの肉巻き弁当〈1章〉……… **52**

● かぶ
鮭弁〈1章〉……… **48**

● かぶの葉
鮭のしょうゆ麹づけ焼き弁当〈2章〉 …… **78**

● かぼちゃ
鶏つくねの油揚げはさみ焼き弁当〈1章〉
………………………………………… **32**

豚肉のみそしょうが焼き弁当〈1章〉 **38**
豚肉のみそ青椒肉絲風弁当〈2章〉 …… **72**
2種類のサンドイッチ
　（ハムとチーズ、きゅうり）〈3章〉 … **100**

● キャベツ
豚こま肉のしょうが焼き弁当〈1章〉 **30**
鶏肉ときのこのみそあえ弁当〈1章〉 **44**

● きゅうり
豚こま肉の梅肉炒め弁当〈1章〉 …… **54**
鶏ハム弁当〈2章〉 …………………… **60**
2種類のサンドイッチ
　（ハムとチーズ、きゅうり）〈3章〉 … **100**
2種類のサンドイッチ（ツナ、卵）〈3章〉 … **102**
みそそぼろの焼きうどん弁当〈3章〉 **116**

● グリーンアスパラガス
さわらのヤンニョム風弁当〈1章〉 …… **42**
鶏むね肉のピカタ弁当〈1章〉 ……… **50**
鶏もも肉のみそ風味蒸し弁当〈2章〉 **64**

● 小松菜
豚肉のみそ焼き弁当〈1章〉 ………… **36**
鮭しっとりそぼろの4色弁当〈2章〉 **66**
さばの竜田揚げ焼き弁当〈2章〉 …… **74**
豚ヒレのしょうゆ麹づけ焼き弁当〈2章〉
………………………………………… **76**

● ごぼう
さばの竜田揚げ焼き弁当〈2章〉 …… **74**

● さつまいも
鶏手羽元のしょうゆ煮弁当〈2章〉 … **68**

● さやいんげん
豚こま肉の
　ケチャップしょうゆ焼き弁当〈1章〉 **26**
にんじんつくね弁当〈1章〉 ………… **40**
鶏もも肉の塩焼き弁当〈1章〉 ……… **46**
ぶりの照り焼き弁当〈2章〉 ………… **80**

炒飯弁当〈3章〉 ……………………… **92**
牛肉のキンパ弁当〈3章〉 …………… **98**
ささみといんげんの
　マフィンサンドイッチ〈3章〉 …… **106**
オムナポリタン弁当〈3章〉 ………… **112**

● じゃがいも
鶏もも肉の塩焼き弁当〈1章〉 ……… **46**
豚こま肉の梅肉炒め弁当〈1章〉 …… **54**
塩鶏と卵、ポテトのサンドイッチ〈3章〉 **104**
コロッケ風マフィンサンドイッチ〈3章〉
………………………………………… **111**

● スナップえんどう
牛しぐれ煮弁当〈1章〉 ……………… **24**
さわらのヤンニョム風弁当〈1章〉 …… **42**

● 玉ねぎ
豚こま肉の
　ケチャップしょうゆ焼き弁当〈1章〉 **26**
鶏つくねの油揚げはさみ焼き弁当〈1章〉
………………………………………… **32**

豚肉のみそしょうが焼き弁当〈1章〉 … **38**
オクラの肉巻き弁当〈1章〉 ………… **52**
鶏もも肉のみそづけ焼き弁当〈2章〉 **82**
チーズオムライス弁当〈3章〉 ……… **96**
2種類のサンドイッチ
　（ハムとチーズ、きゅうり）〈3章〉 … **100**
2種類のサンドイッチ（ツナ、卵）〈3章〉 … **102**
ツナマヨとアボカドの
　マフィンサンドイッチ〈3章〉 …… **108**
コロッケ風マフィンサンドイッチ〈3章〉
………………………………………… **111**

オムナポリタン弁当〈3章〉 ………… **112**
みそそぼろの焼きうどん弁当〈3章〉 **116**

● チンゲンサイ
担々めん弁当〈3章〉 ………………… **118**

● 長ねぎ
炒飯弁当〈3章〉 ……………………… **92**
担々めん弁当〈3章〉 ………………… **118**

● にんじん

牛しぐれ煮弁当〈1章〉……………… 24
豚こま肉の
　ケチャップしょうゆ焼き弁当〈1章〉…… 26
豚こま肉のしょうが焼き弁当〈1章〉…… 30
ビビンパ風そぼろ弁当〈1章〉………… 34
豚肉のみそ焼き弁当〈1章〉…………… 36
豚肉のみそしょうが焼き弁当〈1章〉…… 38
にんじんつくね弁当〈1章〉…………… 40
鶏肉ときのこのみそあえ弁当〈1章〉…… 44
鶏もも肉のみそ風味蒸し弁当〈2章〉…… 64
さばの竜田揚げ焼き弁当〈2章〉……… 74
豚ヒレのしょうゆ麹づけ焼き弁当〈2章〉
　　　　　　　　　　　　　　　　 76
鮭のしょうゆ麹づけ焼き弁当〈2章〉…… 78
ぶりの照り焼き弁当〈2章〉…………… 80
鶏もも肉のみそづけ焼き弁当〈2章〉…… 82
炒飯弁当〈3章〉………………………… 92
炊き込みチキンライス弁当〈3章〉…… 94
チーズオムライス弁当〈3章〉………… 96
牛肉のキンパ弁当〈3章〉……………… 98
2種類のサンドイッチ（ツナ、卵）〈3章〉…102
にんじんオムレツの
　マフィンサンドイッチ〈3章〉……… 110
みそそぼろの焼きうどん弁当〈3章〉… 116
担々めん弁当〈3章〉………………… 118

● パプリカ

鶏もも肉の照り焼き弁当〈1章〉……… 14
かじきのカレーじょうゆ焼き弁当〈1章〉…28
鶏もも肉のみそ風味蒸し弁当〈2章〉…… 64
鶏肉の塩焼きそば弁当〈3章〉……… 114

● ピーマン

ビビンパ風そぼろ弁当〈1章〉………… 34
豚こま肉の梅肉炒め弁当〈1章〉……… 54
鶏手羽元のしょうゆ煮弁当〈2章〉…… 68
豚肉のみそ青椒肉絲風弁当〈2章〉…… 72
鶏もも肉のみそづけ焼き弁当〈2章〉…… 82
オムナポリタン弁当〈3章〉………… 112

● ブロッコリー

鶏もも肉の照り焼き弁当〈1章〉……… 14

炊き込みチキンライス弁当〈3章〉…… 94
チーズオムライス弁当〈3章〉………… 96
塩鶏と卵、ポテトのサンドイッチ〈3章〉…104
スパム＆エッグの
　マフィンサンドイッチ〈3章〉……… 109
鶏肉の塩焼きそば弁当〈3章〉……… 114

● ミニトマト

鶏つくねの油揚げはさみ焼き弁当〈1章〉
　　　　　　　　　　　　　　　　 32
鶏もも肉の塩焼き弁当〈1章〉………… 46
オクラの肉巻き弁当〈1章〉…………… 52
豚肉のみそ青椒肉絲風弁当〈2章〉…… 72

● もやし

鶏ハム弁当〈2章〉…………………… 60
担々めん弁当〈3章〉………………… 118

● れんこん

鮭弁〈1章〉…………………………… 48
豚ヒレのしょうゆ麹づけ焼き弁当〈2章〉…76
鮭のしょうゆ麹づけ焼き弁当〈2章〉…… 78
みそそぼろの焼きうどん弁当〈3章〉… 116

野菜加工品

● カットトマト缶

オムナポリタン弁当〈3章〉………… 112

● 切り干し大根

鶏ハム弁当〈2章〉…………………… 60

● コーン

鶏むね肉のピカタ弁当〈1章〉………… 50

きのこ

● エリンギ

鶏むね肉のピカタ弁当〈1章〉………… 50
炊き込みチキンライス弁当〈3章〉…… 94

● しいたけ

鮭弁〈1章〉…………………………… 48

● しめじ

鶏肉ときのこのみそあえ弁当〈1章〉…… 44
鮭しっとりそぼろの4色弁当〈2章〉…… 66
ぶりの照り焼き弁当〈2章〉…………… 80

● 料理・スタイリング
ダンノマリコ

料理家、栄養士、フードスタイリスト。フードコーディネーターのアシスタントを経て、フードスタイリストとして独立し、多くの書籍や雑誌のスタイリングを担当。そのかたわら、料理についても研鑽を積み、自宅のスタジオを拠点に日本各地の旬の魚介を楽しむための料理会「ミナトゴハン」を主宰し、ごはんの会や教室を多数企画・開催している。

2023年の息子の高校入学を機に、毎日お弁当を作る生活を送るようになり、いかに無理なく弁当作りを続けられるか、研究を重ねている。著書に『スーパーのお魚で！港町の漁師飯』(春陽堂書店)、『野菜・果物・魚介・肉 365日おいしいびん詰め 保存食＆食べ方テク』(朝日新聞出版)など。

● 調理器具協力（ホーロー鍋）
富士ホーロー株式会社
https://www.fujihoro.co.jp/

● スタッフ
装丁、本文デザイン　武田紗和（フレーズ）
DTP　江部憲子（フレーズ）
イラスト　ダンノマリコ
調理アシスタント　岩﨑由美
編集　平山祐子
撮影　寺岡みゆき、ダンノマリコ
校正　濱口静香
企画進行　鏑木香緒里

がんばらない じみ弁当

2025年4月15日初版第1刷発行

著　者　ダンノマリコ
発行者　廣瀬和二
発行所　株式会社日東書院本社
　　　　〒113-0033
　　　　東京都文京区本郷1-33-13
　　　　春日町ビル5F
　　　　TEL　03-5931-5930（代表）
　　　　FAX　03-6386-3087（販売部）
　　　　URL　http://www.TG-NET.co.jp
印　刷　三共グラフィック株式会社
製　本　株式会社セイコーバインダリー

本書の無断複製複写（コピー）は、著作権法上での例外を除き、著作者、出版社の権利侵害となります。
乱丁・落丁はお取り替えいたします。
©Mariko Danno 2025 Printed in Japan
ISBN978-4-528-02473-1 C2077